맘껏 상상하고, 실컷 체험하고

이게 바로
자유학기제야

스토리
인01
자신만의 가치, 행복, 여행, 일과 삶 등 소소한 일상에서 열정적인 당신에게…
하루하루의 글쓰기, 마음에 저장해둔 여러분의 이야기와 함께합니다.
첫 원고부터 마지막까지, 생활출판 프로젝트 '스토리인' 시리즈

맘껏 상상하고, 실컷 체험하고

이게 바로
자유학기제야

초판 1쇄 인쇄 | 2018년 06월 08일
초판 1쇄 발행 | 2018년 06월 15일

지은이 | 김준 · 최현경
발행인 | 김태영
발행처 | 도서출판 씽크스마트
주 소 | 서울특별시 마포구 토정로222(신수동) 한국출판컨텐츠센터 401호
전 화 | 02-323-5609 / 070-8836-8837
팩 스 | 02-337-5608

ISBN 978-89-6529-183-1 03370

• 잘못된 책은 구입한 서점에서 바꿔 드립니다.
• 이 책의 내용, 디자인, 이미지, 사진, 편집구성 등을 전체 또는 일부분이라도 사용할 때에는 저자와 발행처 양쪽의 서면으로 된 동의서가 필요합니다.
• 도서출판 <사이다>는 사람의 가치를 밝히며 서로가 서로의 삶을 세워주는 세상을 만드는 데 기여하고자 출범한, 인문학 자기계발 브랜드 '사람과 사람을 이어주는 다리'의 줄임말이며, 씽크스마트 임프린트입니다.

원 고 | kty0651@hanmail.net

이 도서의 국립중앙도서관 출판예정도서목록(CIP)은 서지정보유통지원시스템 홈페이지(http://seoji.nl.go.kr)와 국가자료공동목록시스템(http://www.nl.go.kr/kolisnet)에서 이용하실 수 있습니다.(CIP제어번호: CIP2018015816)

씽크스마트 • 더 큰 세상으로 통하는 길
도서출판 사이다 • 사람과 사람을 이어주는 다리

정 가 | 13,000원

맘껏 상상하고, 실컷 체험하고

이게 바로
자유학기제야

김준 최현경 지음

'다양한 체험 기회'
를 갖게 하고
'자신의 이야기로 사고하는 방법'
을 가르치는 기간

고분고분 공부만 열심히 하는 인재는 앞으로 세계무대에서 생존하기 힘들 수 있다는 엄연한 현실에서, 이 책은 한창 꿈으로 부풀어야 할 우리 아이들이 나아갈 방향을 꼭 집어 준다.

– 다국적 교육기업 IDP 싱가포르 대표 김소연

학교 수업 들어도 이해를 못 하는 사람, 분명히 배웠음에도 불구하고 누군가에게 설명하려면 기억이 안 나는 사람, 현장에 가 보았는가? 그 곳에서 기록하였는가? 그리고 질문하였는가? 정답은 현장, 체험, 학습.

– 김영실 (주)이영돈 TV 대표

"넌 꿈이 뭐니?" 우리는 아이들에게 '꿈'을 강요하고 있진 않을까? 그리고 '꿈'은 꼭 직업이어야 할까? 자유학기제는 고작 중1 학생이 직업목표를 '정'하는 기간이라기보다 현재는 존재하지 않는 직업을 가질 수도 있는 아이들이 올바른 진로선택을 하도록 '다양한 체험기회'를 갖게 하고 '자기의 이야기로 사고하는 방법'을 가르치는 기간이 되어야한다. 그러면 어떻게 체험력과 사고력을 키울 수 있을까? 이 책을 통해 해답을 찾을 수 있을 것이다.

- 진로적성 전문연구소 와이즈멘토 이사 허진오

체험현장에서
바라본
우리 교육현실

2018년 1월 21일 일요일 오전 서울 코엑스 전시장 바깥. 아이들과 우리 연구원들이 부들부들 떨며 사진 포즈를 취했다. 일 년에 한 번 열리는 '하우징브랜드페어'를 보러 우리는 이날 이곳에 모였다. 주택 · 건축 · 디자인을 테마로 해서 열린 박람회였다. 들어가기 전에 사진을 찍으려고 하는데 시린 바람이 거대한 유리벽을 타고 제법 세차게 불어 왔다. 그 순간을 못 참고 아이들이 빨리 안으로 들어가자고 보챘다. 제대로 사진도 못 찍고 종종걸음으로 우리는 건물 안으로 들어갈 수밖에 없었다. 로비에서는 사람들이 제법 길게 줄을 선 채 입장을 기다리고 있었다.

두 전시관을 이어 열리는 박람회였다. 실내였지만 족히 축구장 5개 크기 정도는 될 것 같았다. 국내 유수의 주택 · 건축 관련

회사들이 최신 제품과 디자인을 한껏 뽐내고 있었다. 연우는 초입부터 태양광을 이용한 단독주택에 눈이 휘둥그레졌다. 그러더니 바닥 보일러 난방의 효율성을 극대화시키는 조절장치에 혼이 팔렸다. 보일러를 가동시켜도 바닥이 생각보다 따뜻하지 않다면, 온수 배관을 통과하는 물에 기포들이 생겨 바닥으로 열이 잘 전달되지 않기 때문이라고 한다. 연우는 시연을 보고, 기포 제거가 바닥의 난방 효율성을 극대화시킬 수 있는 수단이 될 수 있다는 점을 직접 눈으로 확인했다.

도시 외곽지역에 지으면 딱 좋을 것 같은 각양각색의 단독주택 모형도 아이들의 시선을 단번에 사로잡았다. 지호는 "유럽과 미국에 여행을 갔을 때 저런 집들을 많이 봤는데, 우리나라에도 비슷한 집들이 생긴다면 엄마 아빠에게 이사 가자고 조르겠다"고 말했다. 그리고 팸플릿에서 예상 건축비용을 유심히 들여다봤다. 그러더니 "엄마에게 이 가격을 말하면 슬퍼하실 것 같다"며 슬그머니 꼬리를 내렸다.

아이들은 캠핑카와 컨테이너 주택 내부도 들어가 보고, AI 실내 자동 조절장치 등도 직접 조작해 봤다. 그러면서 스마트폰으로 리포트에 넣을 사진까지 찍으며 주변을 정신없이 헤집고 돌아다녔다. 아이들에게 주어진 세 시간이 부족할 지경이었다. 참 부지런히 움직여서 그랬을까? 그곳에서 우리 아이들이 유독 눈에 띄었다. 하지만, 그렇게 될 수밖에 없었던 진짜 이유는 따로 있었다. 방문객 대부분은 바로 어른들이었기 때문이다. 늙수그레한 어르신들도 꽤 많았다. 일요일이었고, 그것도 방학인데 초중고 아이들의 모습은 손가락으로 꼽을 정도였다. 이곳에 오면 주택과 건축과 관련된 디자인, 태양광 및 에너지 극대화를 위한 첨단 기기, 탄소 배출을 최소화할 수 있는 친환경 공기청정 장치 등 수많은 것들을 볼 수 있었을 것이다. 학교에서 배운 수학과 과학의 원리도 적용해 보고, 소형 주택 및 이동식 주택을 통해 1인 가구 시대의 사회적 변화 등도 체감할 수 있었을 텐데 말이다.

비용이 부담된 것도 아니었을 것이다. 학생들은 입장이 무료였다. 그런데 아이들은 어디에 있었을까? 건축·미술·과학·레저 등에 관심이 있는 아이들이라면 한 번쯤은 와 볼만한 유익한 이벤트였는데, 정보가 없었던 것일까? 서울만 따져 본다면, 100여만 초중고 학생 중 1%도 아니고 단 0.1%만 왔더라도 1000명이고, 4일 동안의 박람회 기간을 고려하면 하루에 약 250명 정도는 왔을 텐데, 왜 모습이 거의 보이지 않았을까? 다채로운 경험과 체험의 장에서 엄마 아빠와 이야기하며 다양한 가치를 건져낼 수도 있었을 텐데 왜 이런 기회를 그냥 지나쳤을까? 특히 중학생들의 경우 자유학기제 및 자유학년제의 취지를 살려, 직업과 산업 트렌드 등을 살펴 볼 뜻 깊은 시간이었을 텐데 말이다.

답은 간단하다. 여러 이유가 있겠지만, 학원을 가야 하거나 학원 숙제를 해야 하기 때문이었을 것이다. 두툼한 수학 선행 학습 문제집 풀이, 수학 오답 노트 정리, 논술 학원 독후감 완성, 영어 레벨 테스트 준비, 한자시험 준비 등 완수해야 할 임무가 산적했을 것이다. 무엇보다도, 이런 현실에 짓눌린 나머지, 엄마 아빠가 가자고 해도 아이들은 만사가 귀찮다며 고개를 절레절레 흔들었을 것이다. 평소에 우리가 이런 종류의 체험 프로그램을 마련했다고 해도 부모들이 시큰둥한 반응을 보이는 것도 다 이해가 된다. 부모들 중에는 속으로 "아이들이 주말이면

빼곡한 학원 스케줄로 더 바쁘고, 방학이면 특강까지 겹쳐 시간 짬을 내기가 더 어려운데 한가하게 웬 박람회 타령이냐" 또는 "성적은 오를 기미도 보이지 않고 꿈도 없는데, 박람회에 가면 무슨 천지개벽이라도 일어나 아이가 바뀌기라도 할 것 같냐"며 따져 물을 수도 있을 것 같다. 이것이 우리의 현실이다.

아이들은 당연히 공부를 해야 한다. 그것도 잘 해야 한다. 삶의 무수한 험지를 거쳐 가야 하는 첫 단계로서 학창시절의 미션은 공부다. 그 과정에서 중심을 못 잡거나 극복 의지를 발휘하지 못해 공부에서 멀어져 갈피를 잡지 못한다면, 나중에 다가올 삶의 다른 난관도 극복하기가 버거울 것이다. 그래서 원하는 대학에 들어가는 것뿐만이 아니라, 도전과 극복이라는 삶의 소중한 요소를 배우는 과정으로서도 초중고 학창시절은 중요하다. 이것이 우리 기성세대가 아이들에게 전하는 삶의 지혜 중의 하나다. 그런데 문제가 있다. 공부가 미진해 아이의 성적이 양에 차지 않는다면, 더욱 거세게 공부工夫 압박감을 가한다는 것이다. 열은 열로써 다스린다는 것이 '이열치열以熱治熱'이라면, 그야말로 '이공치공以工治工'으로 더 매몰차게 밀어붙인다.

그래서 학원을 몇 개 더 보내고, 학원을 수소문해 계속 바꾸고, 컨설팅을 받게 해서 아이들을 소위 '공부 기계'로 만드는 것이 부모의 기본 역할이 됐다. 거기에 덧붙여 동아리 활동을 챙기고, 교내 대회 입상을 위해 과외 선생님을 붙이고, 소논문 작성 스케줄까지 관리하는 등 기계 부속품 관리도 끊임없이 해야 한다. 하지만, 우리 아이들은 어떨까? 군소리 없이 순응하면서 희망을 머금고 잘 하고 있을까? 공부도 손에 잡히고 성적도 오르고 꿈까지 찾아 미래를 향해 순탄한 행보를 보이고 있을까? 아니다. 정말 아니다. 시키지 않아도 제법 잘 하고, 슬럼프가 있더라도 금세 일어나 다시 책을 잡는 소수의 아이들을 빼면, 너무 많은 아이들은 그저 풀이 죽어 있다. 지쳐 있다. 부모들은 남들이 하는 대로 다 하게 해 보지만, 정작 너무 많은 아이들은 못 따라간다. 주눅 들고 패배감에 사로잡혀 꿈은 고사하고 자존감도 부족하다. 당연히 성적은 정체되거나 더 떨어진다. 그럴수록 부모는 더 다그치고 공부를 더 밀어붙인다. 악순환이다. 이것이 바로 플랜 A의 숙명이다.

하지만, 부모들은 플랜 B로 쉽사리 가지 못한다. 공부 일변도로 아이를 다그치거나 구슬려도 변화가 유도되지 않을 땐, 다른 방법을 고려해 볼 수도 있을 텐데 그렇게 못한다. 학원 시간을 좀 줄이더라도 아이들에게 다른 활동을 해 보게 하는 것을 꺼림칙하게 여긴다. 박람회나 전시회에 가서 마음껏 하고 싶은 것도 해보고, 다양한 삶을 개척하고 있는 사람들을 만나 이야기해 보고, 그런 활동의 의의와 가치에 대해 자유롭게 표현을 하면서, 자신의 끼와 잠재성을 찾아보자는 플랜B를 못 미더워한다.

이유는 간단하다. 주변에서 그렇게 하는 사람이 거의 없으므로 대세가 아니라고 보기 때문이다. 성적 좋은 옆집 아이는 열심히 학원에 다니면서 새벽까지 독서실에서 공부를 한다는 것을 익히 알고 있기에, 다른 방법으로 접근해 보는 것은 정답이 아니라고 단정한다. 선행에서 뒤지면 세상의 나락으로 떨어질 수 있다는 학원들의 공포 마케팅도 계속 귀에 맴돈다. 그래서 뫼비우스의 띠처럼 모든 것은 다시 공부와 학원으로 돌아온다.

그래서 코엑스 전시장에서 아이들의 모습을 거의 찾을 수 없었던 것이다. 물론 많은 가족들이 아이들과 함께 주요 축제나 체험 등을 다닌다. 하지만, 그것으로 끝난다. 다시 원상복귀다.

학원 숙제로 돌아 와야 한다. 그 소중한 경험으로부터 작게나마 가치와 의의를 찾아, 좀 더 크게 승화시킬 수 있는 연결 고리를 찾지 못하는 경우가 대부분이다. 부모들은 내심 "공부에 지쳐 있는 우리 아이에게 뜻 깊은 체험 기회를 줘서 뭔가 자극을 받게 해야지"라고 생각하지만, 그 경험을 준 것 하나로는 가치나 변화가 만들어질 순 없다. 아이가 부담을 느끼지 않는 선에서 끊임없이 연결 고리가 이어질 수 있도록 꾸준히 자극을 줘야 비로소 변화를 기대할 수 있기 때문이다.

그날 일요일 우리는 아이들과 맛있는 떡볶이를 배불리 먹고 회의실로 돌아왔다. 그리고 강연 프로그램인 TED를 시청했다. 최신 주택 트렌드, 그리고 공동주택Co-housing의 미래를 보여 주는 두 편의 강연이었다. 아이들은 연구원들과 많은 대화도 나눴다. 그리고 아이들은 그날 전시장에서 가져온 팸플릿, 보도 자료, 직접 찍은 사진을 활용해 리포트를 썼다. 물론 눈이 번쩍일 정도의 내용은 아니었다. 글의 흐름도 부자연스러운 부분이 많았다. 카페에 올린 리포트의 전체적인 짜임새도 뜯어고쳐야 할 곳이 한두 군데가 아니었다.

하지만, 그것이 중요한 것이 아니었다. 작은 경험에서도 큰 가치를 만들어 내려는 아이들의 호기심, 자신의 생각을 더 넓은 세상과 엮어낼 줄 아는 그 열린 마음이 더 소중했다. 자유학기제 또는 자유학년제의 큰 방향은 이렇게 아이들이 주도적으로 참여하고 의의를 찾도록 자극하는 것이라는 신념이 또 다시 분명해졌다. 앞으로 주거와 관련된 책도 읽고 발표도 하고 글도 카페에 올리면서 더 생각을 확장해 보자고 약속했다. 아이들이 대견하고 듬직했다. 우리가 2년 가까이 여러 아이들과 함께 하면서 매번 느끼는 뿌듯함이기도 했다.

이 책에는 아이들이 꿈을 찾기 위해 우리와 함께 도전해 본 수많은 시도, 그리고 그 과정에서 겪었던 무수한 우여곡절이 담겨 있다. 특히, 지식전달 위주의 수업에서 벗어나 자신의 진로를 설계하면서 그 과정의 중요성을 인식할 수 있도록 시행된 자유학기제의 취지에 맞게, 우리가 아이들을 어떻게 변화시키고자 했는지에 대한 생생한 과정이 녹아 들어 있다.

우리 여정의 배경을 비유하자면, 잔잔한 호수가 아닌 거친 바다였다. 마주치는 배도 많지 않았다. 그래서 헤맨 적도 여러 번

들어가며

이었다. 좌충우돌이었다. 하지만 그 모든 순간들은 우리 아이들의 꿈 탐험이 더욱 박진감 있게 전개될 수 있도록 해 줬다. 이제 우리가 거쳐 왔던 여정의 항해도航海圖, 그리고 앞으로 더 힘차게 도전할 미래 여정의 상상도想像圖를 여기에 펼쳐 보이겠다.

part 1.

자유학기제 드디어 출발

part 2.

체험하고 느끼고 발산하자

part 3.

공감하고 나누는 미래를 향해

part 4.

현실과 더 가깝게 마주치자

part 5.

시공을 초월한 상상의날개

part 6.

자유학기제 그 후를 향해

차례

part 1.

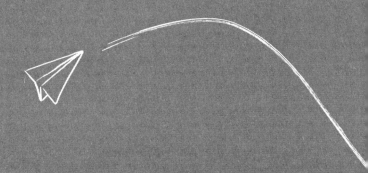

자유학기제
드디어 출발

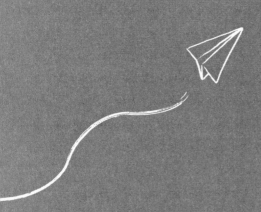

맘껏 상상하고,
실컷 체험하고

어수선함 속에서 내디딘 첫발

▶ "자유학기제! 말은 멋지긴 한데 이게 뭐지?"

2013년 처음 이 단어를 들었을 때, 그럴 듯하게 와 닿긴 해도 그 의미를 도통 종잡을 수 없었다. 중학교 입학과 동시에 아이들이 자신의 진정한 끼와 꿈을 찾는 자유로운 시간을 갖도록 하자는 것이 자유학기제의 취지다. 맞는 말이다. 하지만 주변은 혼란스러웠다. 오해도 많았다. 말도 많았다. 아무도 해 본 적이 없어서 시원한 해답과 묘안을 기대할 수 없었다. 게다가 선무당이 사람 잡는다는 말처럼 여기저기 어수선한 예측으로 혼란만 가중되는 상황이 이어졌다.

우리가 처음 접한 자유학기제에 대한 정체는 그야말로 자욱한 안개에 휩싸인 듯 했다. 학부모들 중엔 "우리 아이가 이 기간을 거치지 않고 졸업한 것이 얼마나 다행인지 감사할 따름"이라는 반응도 흘러나왔다. 2015년 봄 자유학기제 진로 멘토링으로 찾아간 경기도 성남의 한 중학교 1학년 교실의 '참상'은 지금도 잊을 수 없다. 절로 '내가 여기에 왜 왔지?'라는 한숨만 흘러나왔다. 멘토가 앞에 서 있는 것도 아랑곳하지 않고 엎드려 자는 아이, 학원 숙제 하느라 고개 숙이고 머리통만 보이는 아이, 시선을 온통 손거울에만 집중한 채 입술에 빨간 틴트를 바르는 아이 등 온갖 모습의 아이들이 눈앞에 펼쳐졌다. 교실 풍경은 그야말로 가관이었다. '자유학기제' 수업이 아니라 '자유 향연 수업'이라고 해도 손색이 없을 정도였다.

아무리 봐도 교실이 아닌 것 같은 공간에서, 미래에 관심이라고는 눈곱만큼도 없는 것 같은 아이들에게, 거창하게 진로 수업을 해야 한다는 생각에 숨이 콱콱 막혔다. 솔직히 이 아이들이 진로를 과연 궁금해 하기는 할지에 대한 의문이 들었다. 아이들은 진로가 오늘 밤 TV속에 나오는 연예인쯤 된다고 하면 아마 귀를 쫑긋 세우고 말을 들었을 것이다. 하지만, 이미 아이들은 진로를 또 다른 과목이고 단순한 학습의 연장으로 생각하고 있었다. 진로 전문 선생님이 와도 시큰둥한 반응을 보였던 것은 어찌 보면 당연한 결과였다.

아이들은 학교나 외부에서 마련된 직업 체험이나 다양한 탐방 체험을 하고 있기는 했다. 하지만 수십 명씩 또는 수백 명씩 몰려가다 보니 깊이 있는 경험은 꿈도 꾸지 못했다며 투덜거리는 경우가 많았다. 전문가 또는 학부모 등을 학교로 모셔 진행된 직업소개 시간에도 꾸벅꾸벅 졸거나 딴전을 부렸다는 아이들도 여럿이었다. 활동 후 선생님께 제출한 보고서는 그야말로 형식적이었다고 털어놓기도 했다. 어떤 학생은 "중학교 1~2학년 아이들의 관심은 온통 게임과 겉치장이고 학원 숙제"라며 "직업탐구에 왜 관심을 가져야 하는지에 대한 생각도 거의 없다"고 말했다.

지식과 경쟁 중심에서 벗어난 '학생 참여형' 수업을 통해 학생의 소질과 적성을 활발히 키우겠다는 결과가 고작 이것이었을까? 중학교 과정 중에서 한 학기 또는 두 학기 동안 진행되는 것이므로 결코 짧은 기간이 아닌데, 이런 식으로 자유학기제가 전개된다면 안 될 것 같다는 생각이 번뜩 스쳤다. 소위 틀에 박힌 교과서 공부도 아니고, 열린 마음으로 자유롭게 꿈을 찾아보자는 시도마저도 아이들에게 이렇게 냉대를 당한다면 자유학기제의 미래는 밝지 않을 것이라는 위기감마저도 뇌리를 스쳤다.

그래서 무엇인가를 해야 할 것 같았다. 누군가는 힘을 합쳐야 한다고 생각했다. 새장처럼 갇혀 오로지 성적만이 유일한 탈출

열쇠로 알고 있는 아이들, 가공할 경쟁 구도에서 밀리기라도 하면 더 육중한 철창에 갇히게 될 것이라며 버티고는 있지만 너무도 지쳐 있는 아이들을 위해서 말이다. 무엇보다도, 정체성이라는 자신만의 옷도 없이 그저 벌거벗은 것과 다름이 없는 아이들이 자유학기제라는 넉넉한 활동복을 먼저 입은 뒤, 결국엔 개성에 맞는 멋들어진 맞춤옷으로 갈아입을 수 있도록 말이다.

그래서 'MOM Motivation On Mindset 교육연구소' 연구원 7명이 함께 뜻을 모았다. MOM을 해석하자면 '마음의 열의'다. 뜨거운 열정으로, 우리는 마음껏 상상하고 실컷 체험할 수 있는 진정한 자유학기제를 거들겠다는 각오로 첫 출발의 깃발을 당차게 내걸었다. 우리가 나아가고자 하는 방향에 동참하겠다며 관심을 보낸 학부모들의 지지로 30여 명의 아이들이 모였다. 많은 수는 아니었다. 그렇다고 부담이 덜한 것도 아니었다. 모든 것이 어수선했고 우리가 가야 할 길은 기약 없는 여정처럼 보였기에 그저 막막하기만 했다. 지레 겁을 먹고 발걸음을 되돌릴 수도 없었다. 달갑지 않은 듯 보이면서도 은근한 호기심을 내비치고 있던 아이들, 그리고 내심 잔뜩 기대에 부풀어 있던 학부모들이 우리만을 바라보고 있었기 때문이다.

엄마의 마음으로 해 보자!

▶ 자유학기제 덕분에 아이들은 신바람이 났다. 시험도 없고 수업에 대한 압박감도 크지 않다. 덤으로 숙제도 없는 경우가 많아 짬짬이 여유를 만끽하는 것도 가능해졌다. 아이들은 아주 오랜만에 그럴싸한 휴식을 즐기게 됐다. 적성과 꿈과 직업을 탐색하기 시작했다는 자유학기제 본연의 의의보다는 공부의 부담이 줄었다는 것이 마냥 좋다. 적어도 학교에서는 그렇다.

반면에 부모의 심사는 좌불안석이다. 수학 등을 중심으로 날로 강도가 더해지는 선행에 대한 부담감, 그리고 엄마들 입을 통해 더 무섭게 확산되는 입시에 대한 위기감 등으로 인해, 자유학기제를 접한 부모들은 오히려 더 전전긍긍한다. 심지어 중 1때 고등학교 심화 과정까지도 도전해야 한다는 주변의 공포 심리 조장 등에 휘둘린 나머지, 자유학기제는 '아이의 적성을 염두에

둔 꿈 찾기'가 아니라 '선행 진도를 염두에 둔 학원 찾기'로 변질
됐을 정도다. 우리 아이의 깊은 내면을 들여다보는 것이 아니라,
공부 잘하는 아이 친구들의 일거수일투족을 들여다본다. 그리
고 그냥 앞만 보며 가는 양 떼처럼 우르르 대세를 따라간다. 가
슴 속에 학교에 대한 불신과 이 나라에 대한 원망이 가득하더라
도, 남들이 하는 것을 죄다 따라 한다. 그래야 중간이라도 간다
는, 그래야 도태되지 않는다는 막연한 불안 심리에서다.

  이런 현실을 앞에 두고, 뭐라고 표현할 수 없을 정도로 안타
깝고 답답했던 것이 솔직한 우리의 심정이었다. '한 번 해 보자!'
는 생각에 시작을 하긴 했지만, 현실을 제대로 파악하면서 우리
의 앞가림이라도 제대로 하고 있는지에 대한 의구심을 떨칠 수
없었다. 솔직히 그랬다. 뭉게구름처럼 커다랗게 떠 있는 자유학
기제를 아이들은 손가락만 빤 채 물끄러미 쳐다보고 있었고, 속
타는 답답한 엄마들은 닭 쫓던 개 지붕 쳐다보듯 발만 동동 구
르고 있었고, 학교들도 스스로 건사를 못해 우왕좌왕하고 있었
던 상황에서, 우리라고 묘책이 있었던 것이 아니었다. 그래도
마음을 다잡아야 했다. 적어도 우리가 맡고 있던 아이들을 위해
서라도 말이다. 과감해야 했다. 저돌적이어야 했다. 하지만 속
내는 엄마의 마음이었다.

엄마는 아이에게 절대적인 존재다. 엄마는 낳아주는 엄마도 있지만 키워주는 엄마도 있다. 아이에 대한 엄마의 간절한 소망 하나만으로는 아이가 마음에 쏙 드는 존재로 성장할 수는 없다. 사회의 변화를 감지하고 아이의 잠재력을 파악해 미래의 앞길을 제시해 줄 또 하나의 엄마, 엄마가 힘들 때 함께 손잡고 나아갈 수 있는 엄마의 친구 또는 엄마의 엄마 같은 존재가 꼭 필요하다고 봤다. 그런 공감대가 어찌 보면 우리의 정체성이었다. 우리가 또 하나의 엄마가 돼 보자는 다짐, 바로 그것이 시작의 일성一聲이었다.

물론 엄마의 역할에 대한 부정적인 시각이 있는 것은 사실이다. 잔소리하고 다그치고 혼내고 구슬리면서, 결국엔 아이들을 얌전히 그리고 착하게 공부만 하도록 이끌어 가려는 존재가 바로 엄마라는 지적이다. 4차 산업혁명 등 온갖 변화의 물결 앞에서 많은 것이 변해야 하는데, 엄마들은 공부와 성적과 대입이 전부인 것처럼 아이 손에 오로지 연필과 볼펜만을 쥐게 하고 학원 순례만 시킨다는 것이다. 맞는 지적일 수도 있다. 하지만, 부인할 수 없는 것은 엄마의 사랑이다. 그 사랑이 긍정적이면서 미래지향적으로 힘을 발휘한다면, 아이들에게 그것보다 더 든든한 버팀목은 없을 것이다. 그래서 우리와 함께 했던 아이들에게는 자유학기제 기간 동안 엄마라는 존재가 둘이었다.

두꺼운 현실의 벽···
깨고 싶다

▶ 과연 우리 아이들에게 어떤 기회의 장을 열어 줄 것인지에 대한 우리의 욕심과 꿈은 점점 부풀었다. 하지만, 커다란 벽이 가로막혀 있었다. 다양한 경험을 토대로 자기만의 목표를 향해 당당히 전진하자는 함성은, 성적과 입시라는 거대한 벽에 부딪쳐 메아리로 다시 우리에게만 돌아오는 것처럼 보였다. 우리가 제시하는 방향성에 고개를 끄덕이더라도, 부모들은 우리 사회에 너무 뿌리 깊게 박혀 있는 교육에 대한 고정관념으로부터 쉽사리 탈피할 수 없는 것 같았다.

우리의 첫 시작에 가장 큰 장애물은 결국에는 성적과 입시였다. 우리는 함께 고민했다. 아이들이 모두 똑같이 'In 서울' 대학을 가야 할까? 아니, 갈 수 있나? 아이들이 모두 똑같이 전문직 종사자가 되어 누구나 인정하는 직업의 명함을 가질 수 있을까? 아니다! 뻔히 그 답을 알면서도 그래도 어떻게든 힘에 부친 아이의 손을 이끌고 모두가 목표로 하는 바로 그곳을 향해 비척비척 발걸음을 옮겨야 한다고 학부모들은 굳게 믿는다. 적성과 꿈이 소중하다고 골백번 강조하면서도, 정작 어느 순간부터는 "모든 것 다 잊고 공부하자!"라는 처절한 외침이 모든 것을 압도하는 모순된 현실을 그냥 받아들이고 있는 것이다.

상황이 이렇다 보니, 진심으로 아이를 위한 상담과 코칭을 하더라도, 궁극적인 지향점이 성적 향상과 입시 목표 달성이 아니거나 코칭 수준이 최상위권을 목표로 하는 것이 아니라면, 학부모들은 마뜩치 않은 반응을 보이는 경우가 많았다. 다 이해는 됐다. 사실, 초등학생 자녀를 둔 경우는 기대 심리가 하늘을 찌를 정도다. 예를 들자면, 초등학교 저학년 때 받아쓰기는 앞으로 전개될 성적 경쟁의 시금석이라도 되는 듯 거의 목숨을 걸 정도로 아이들을 압박하는 것이 다반사다. 무조건 100점을 요구하며 거세게 밀어붙인다. 아이가 중학교에 가면 허탈감에 사로잡힌다. 초등학교 때 남부럽지 않았던 점수는 서서히 추억처럼 아련해진다. 그래도 아이의 능력에 대한 희망의 끄나풀은 놓치진 않지만, 종잡을 수 없는 아이의 변덕과 주가지수처럼 당락을 거듭하는 아이의 불안정한 성적에 숨이 턱턱 막힌다. 그러면서 인생의 희망이 죄다 스러진 것처럼 스스로 푸념의 깊은 수렁 속으로 빠질 때도 많아진다.

고등학교 때 마주치는 심란함은 이루 다 말할 수 없을 정도다. 고등학교부터는 정신을 차리고 학습에 매진해, 내신과 모의고사에서 1~2등급에 도달할 것이라는 막연한 기대감으로 초반을 맞이한다. 고3에 이르러 그 힘겹고 냉정한 현실에 아이가 잔뜩 주눅이 들더라도, 9월 수시 때는 실력보다는 행운의 여신을 내심 기대하는 것이 부모의 마음이다. 그리고 간절한 기도와 모든 염원을 다 담아 11월 수능을 맞이한다. 하지만, 대다수의 아이들과 부모들에게 다가오는 결과는 십수 년 동안의 노력을 물거품으로 만드는 듯 너무 냉혹하기만 하다.

아이의 적성과 역량은 온데간데없고 부랴부랴 점수에 맞춰 대학과 학과를 고르려고 너무 많은 아이들과 부모들이 발버둥을 친다. 재수와 삼수도 이제 우리 사회에서는 자연스레 맞이해야 할 통과의례가 됐다. 더 좋은 성적, 더 좋은 대학, 더 좋은 평판, 더 좋은 직장, 그리고 더 좋은 미래만이 모두의 화두다. 더 적성에 맞는 삶을 영위하는 아이, 더 개성을 살려 자기만의 비전을 추구하는 아이, 더 다양한 삶의 루트를 개척해 갈 수 있는 아이는 그저 교육학 이론서에서만 나오는 픽션이 되고 말았다.

아무리 정권이 바뀌고 교육 정책에 큰 변혁을 외치더라도, 학력이 최고라는 교육 현실은 변하지 않을 것이라는 냉소적인 시각은 마치 대갈못처럼 우리 현실에 깊숙이 박혀 있다. 그래서 우리 아이가 다른 아이들의 들러리가 돼도 줄기차게 학원에 보낸다. 아이들이 "엄마, 아빠, 이것은 아닌 것 같아"라는 호소에도 "모든 것 다 잊고 오직 공부만 열심히 하자"라며 부모들은 계속 등을 떼민다. 진로 진학 상담 및 컨설팅도 마찬가지다. 세상이 무섭게 바뀌고 아이들도 예전 세대의 아이들이 아님에도 불구하고 그 변화를 도외시한 채 과거의 궤적을 그대로 답습하고 있는 것이 우리의 현실이다. 아이들의 작은 관심과 특기는 현실과 동떨어진 치기 어린 백일몽에 불과하다고 치부하면서, 소위 '대세' 또는 '시류'에 따라, 수능 점수와 내신에 따라, 어떻게든 대학 안으로 발을 내딛게 하는 것 말고는 안중에도 없는 듯 보인다.

이렇게 지금 우리를 옭아매고 있는 현실을 부정할 수 없기에, 사랑스런 우리 아이들의 꿈을 잠재우고 큰 흐름을 무작정 따라가야 할까? 입시 목표 달성이 인생의 궁극적인 종착역인양 아우성을 치고 계속 버텨야 할까? 작은 알 껍질 안이 세상의 전부인양 살아가는 현실을 우리 사회의 숙명으로 그냥 받아들여야 할까? 이런 고민을 학부모들과 우리는 수없이 공유했다. 그리고 많은 부모들은 심지어 눈물을 보이면서 "아니다"라고 잘라 말했다.

우리의 첫 시작은 이런 고민과 토론과 공감대 형성으로 가득했다고 해도 과언이 아닐 정도였다. 그래서 어느 순간 우리들의 화두는 '알'과 '망치'가 됐다. 단단하게 화석처럼 굳어 버린 껍질이 단단하기는 해도 그 알을 깨 보려고 꿈틀대는 병아리들이 나오도록 도와야 한다고 믿었다. 병아리는 아이들이라고 봐야 하겠지만, 어찌 보면 부모들일 수도 있었다. 초등학교 고학년 때부터 본격적으로 시작된 성적과 선행 등에 대한 압박감을 한사코 계속 가중시키는 것이 아니라, 중학교 자유학기제 기간만이라도 자신만의 적성과 끼를 찾도록 거들어야 한다고 봤다.

우선 망치가 필요했다. 그 망치로 껍질을 깨야 한다고 믿었다. 외부에서 한두 번 들입다 세게 두드린다고 깨지는 것이 아님은 분명했다. 문제는 부모들 스스로 망치를 잡고 알을 깬 뒤 "이것이 너의 미래란다"라며 아이들 앞에 세상을 보여 줄 자신감과 단호함이 부족하다는 점이었다. 오랫동안 학원 등에 의존해 타성에 젖은 나머지, 누군가 제 3자가 깨주기 전까지는 주도적으로 나설 수 없는 듯 보였다. 몇몇 부모들은 "기존의 틀을 깰 수 있는 확신과 추진력을 갖고 있는 부모가 우리 주변에 과연 얼마나 되겠느냐"며 주저하기도 했다. 우리는 이런 반응을 이해했다. 아직 바깥의 망치는 크지 않다는 현실을 부인할 수 없었다. 그래도 병아리가 쉬지 않고 미동할 수 있도록 바깥에서 계속 두드려 줘야 한다는 데 우리는 모두 뜻을 같이 했다. 그래서 비록 작지만 힘을 한데 모아 망치 하나를 함께 쥐어 들었던 것이다.

김칫국부터 마셨던 첫 체험학습

▶ MOM 교육연구소의 기치 아래 시작된 우리의 첫 여정은 체험학습이었다. 자유학기제의 참모습을 우리가 직접 개척하는 데에 체험학습보다 더 좋은 시도가 없다고 봤기 때문이었다. 아이들은 학교에서 견학을 하고, 전문직에 종사하는 학부모를 강사로 초청해 진로 강의를 듣는 등의 과정을 거치고 있었다. 하지만 대부분 형식적으로 시간을 때우는 경우가 다반사였다. 특히 너무 많은 아이들이 참여를 하다 보니, 깊이 있는 적성 및 직업 탐구는 그림의 떡이었다.

감상문 및 보고서와 같은 결과물을 내는 경우도 있었지만, 이역시 형식적으로 뚝딱 써서 제출하는 경우가 허다했다. 그래서 소수의 아이들과 함께 다채로운 삶을 더 바투 다가가 경험하면서, 실컷 이야기하고, 맘껏 글을 쓸 수 있는 프로그램을 실행에 옮겼다. 학교에서 쉽사리 경험할 수 없는 색다른 체험의 장을 선사하겠다는 설렘과 기대는 가히 하늘을 찌를 듯 했다.

첫 번째 프로그램은 2016년 11월 13일에 떠난 '평창 산양삼 체험 여행'이었다. 자유학기제를 맞이한 중학교 1학년생들은 물론이고, 중학교 2학년생들 및 조만간 자유학기제를 경험하게 될 초등학교 6학년생들도 함께 길을 나섰다. 우리는 너무 설렜고, 모든 것이 잘 될 것이라는 기대도 잔뜩 머금었다. 떠나기 전부터 다음 프로그램에 대한 아이디어가 뿜어져 나올 정도였다. 너무 맹랑한 꿈에 부푼 나머지 첫술에 배 부르려고 했던 것일까? 결과적으로, 첫 체험 프로그램은 '우리가 참 실정 모르는 올챙이였구나'라는 자괴감이 들게 했다. 우리가 아이들을 너무 몰랐던 것이다.

우리가 여태껏 익숙하게 바라본 아이들은 학교와 학원만 왔다 갔다 하며 단순화된 일상 패턴을 반복하는 수동적인 존재였다. 떼를 쓰고 반항을 할 수도 있겠지만, 결국엔 묵묵히 가방을 챙겨 들고 학원에 간 뒤 뾰로통한 표정으로 다시 돌아와 방으로 냉큼 들어가는 그런 존재였다. 그런 현실을 잘 알고 있었기에 우리는 체험학습에 은근히 기대를 걸었다. 회색 빛 도시를 벗어나 찬연한 자연에서 펼쳐지는 체험 프로그램을 통해 아이들이 한껏 호기심을 내비칠 것으로 우리는 내심 기대했다. 속박에서 벗어난 망아지처럼 요란하게 뛰놀고, 때 묻지 않은 자연과 교감하면서 "정말 잘 왔다!"라며 흡족해할 것으로 봤던 것이다.

하지만 우리의 예상은 처참히 깨지고 말았다. 서울에서 아침 일찍부터 버스로 세 시간을 달려 도착한 평창. 조금은 생소한 '6차 산업'도 배우고 자연에서 체험도 할 수 있다는 것에 신난 기색을 내비치기는커녕, 아이들은 연신 마뜩찮은 표정이었다. 아이들에게 이런 시도 자체가 일단 재미없고 귀찮은 것이었다. 마치 속으로 "이런 프로그램은 다 학교 커리큘럼의 연장선 상에 있는 것 아닌가요? 안 그런 것처럼 번드르르하게 포장한 것 다 알아요"라고 캐어묻는 듯 했다. 보내는 부모와 지켜보는 연구원들 마음만 설레었던 것 같다. 이번에 다녀오면 아이가 뭔가 답을 가지고 올 거라고 잔뜩 기대하는 부모들 생각에 괜스레 죄책감마저 느꼈다. 아직 준비가 되지 않은 아이들 앞에서 우리 모두의 기대는 한낱 허망한 소망에 불과한 것 같아 맥이 풀릴 수밖에 없었다.

평창 현장에서 산양 삼을 캤을 때는 말 그대로 악몽이었다. 새로 산 신발에 흙이 묻는다고 투덜투덜하는 아이들, 걷기 싫은데 어디까지 올라가냐고 입을 빼죽 내민 아이들, 삼을 캐러 올라가지 않고 아래에서 그냥 기다리겠다고 떼를 쓰는 아이들이 산양 삼 언덕 한쪽에서 떡 버티고 있었다. 그것이 전부가 아니었다. 백방으로 뒤지며 돌아다녔지만 결국엔 삼을 못 캤다면서 양미간을 찌푸리는 아이들, 일부러 멀리서 왔다면서 연구소에서 나눠 준 유산균이 도통 입맛에 맞지 않는다며 손사래를 치는 아이들, 산양삼을 상품화시키는 것에 주력하는 업체 대표의 강의가 신나는 내용이 아니라며 의자에 모로 누운 듯 고꾸라진 아이들도 있었다.

하루 종일 연구원들은 아이들 일거수일투족에 얼굴이 붉으락푸르락하며 정신이 없었다. 불그스레한 땅거미가 진하게 퍼지고 있었던 그날 저녁 서울로 돌아오는 버스 안에서 아이들은 모처럼 쥐 죽은 듯이 조용해졌다. 저마다 곤한 몸을 뒤로 젖힌 채 꿈나라에 빠져든 상태였다. 아이들을 물끄러미 쳐다봤다. 순수한 아이들이었다. 거짓 없는 아이들이었다. 가끔씩 눈엣가시처럼 미울 때도 있지만, 눈에 넣어도 아프지 않을 사랑스러운 존재였다. 만감이 교차하면서 우리 연구원들은 버스 속에서 많은 대화를 나눴다. 자화자찬이 아니라 자기반성의 시간이었다. 그리고 앞으로의 프로그램 방향에 대한 진지한 숙고가 필요하다는 데에 입을 모았던 시간이기도 했다.

그 체험을 통해, 우리는 중학교 1학년 아이들이 미래에 대한 고민을 진지하게 생각할 여건이 형성되지 않았음을 통렬히 느꼈다. 아이들이 진로라는 것을 알고 싶어 몸이 근질근질할 것이라고 우리부터 너무 일찍 김칫국부터 마셨음을 인정했다. 공부, 시험, 성적, 학원, 경쟁, 선행 등을 제외한 경험으로부터 의미와 가치를 찾는 것에 너무 서툰 아이들에게 우리가 지나치게 순진한 기대를 걸었다는 것을 깨달았다. 우리 사회가 아이들의 현실을 도외시한 채 '자유학기제'라는 생소한 시스템을 너무 가볍게 여기는 우를 범해서는 안 될 것 같았다.

이런 상황에서 우리는 진로 탐험이라는 어두운 바다에 가느다란 초를 켜고 돛을 올렸으니, 험난한 항해는 불을 보듯 뻔했다. 물론 부모들의 지지는 순풍이었고, 연구원들의 의기투합과 희망의 외침은 멋들어진 뱃고동이었다. 멋진 항해로 아이들에게 부푼 꿈을 선사하겠다는 각오로 연구원들은 저마다 선장이라고 자임했다. 풍파가 일어도 책임지고 배의 키를 잡겠다는 각오였다. 하지만 우리는 처음에 까마득히 잊고 있었던 것이 있었다. 정작 아이들이 진정으로 원하는 여행이 무엇인지도 묻지 않고 우리가 먼저 묻고 대답하며 뱃머리를 움직였던 것이다.

단 40%만이라도 자유롭게!

자유학기제! 유치원을 졸업하고 받아쓰기 백 점에 즐거워하던 아이가 초등학교 6년을 마치고 중학생이 되면, 새로운 환경에 적응하기도 전에 '진로 탐색'이라는 큰 숙제에 맞닥뜨린다. 하지만, 이 시점에서의 진로 탐색은 아이들이 반드시 완수해야 할 과제는 아니다. 지금 진로를 확정 지어야만 하는 것도 아니고 그렇게 할 수도 없다. 중학생이라고는 하지만, 다양한 경험이 부족하고 직업 세계에 대한 관심도 아직 발동하지 않은 나이다. 진로에 대한 폭이 좁은 데다 추상적일 수밖에 없다.

부모라고 해서 아이들보다 직업에 대한 열린 시각을 갖고 있는 것도 아니고, 그렇다고 정보가 충분한 것도 아니다. 오히려 부모는 자기 경험과 사회의 시류에 따른 편협한 사고에 휩싸여, 아이에게 강요 아닌 강요를 하게 될 때가 많다.

아이들과 부모들의 세대 차이는 실제 우리가 느끼는 것보다 훨씬 크다는 것을 알아야 한다. 실제 우리가 아이들의 진로에 대해서 직접적으로 조언을 하기는 쉽지 않다. 오히려 아이들은 부모들보다 빠르게 변하고 쉽게 적응하며 그들끼리의 공감과 소통을 하고 있다. 아이들은 아직 여리고 미숙해 보이지만, 어른들이 가늠하기 힘든 거대한 우주를 품고 있을 수 있다. 어른들의 기존 사고로 아이들의 무한한 우주를 성급히 판단하거나 틀을 옥죄는 대신, 너른 마음으로 이해하려고 할 때에 비로소 아이와 우리의 소통 고리가 이어질 수 있다.

 '자유학기제' 또는 '자유학년제' 등의 이름으로 점차 자리를 잡아가고 있는 이 기간 동안, 이름뿐만이 아니라 실질적으로 아이들에게 상상의 자유와 도전의 자유를 어떻게 줘야 할까? '자유학기제는 뒤처진 학습 만회를 위한 절호의 찬스' 등의 미사여구로 혼을 빼는 학원들의 막강한 영향력으로부터 부모들은 완전히 자유로울 순 없다. 그래도 중심을 지키면서 그 시스템의 순수한 의미를 지켜낼 수 있는 주체는 바로 학교와 부모다.

 중학생이라는, 삶에서 가장 어수선하고 변화무쌍한 시기를 거쳐 가는 아이들은 여유와 집중력은 물론이고 자기 방식대로 상황을 헤쳐 나가는 용기도 아직 부족하다. 선행 학습과 성적과 경쟁의 굴레에서, 생존할 수 있는 방법은 자유와 탈출이라기보다는 눈치 보기와 순응이라고 생각하는 아이들을 탓할 수만은 없다. 어른들 시각에서는 답답하고 가련하기도 하겠지만 그것이 현실이다.

그래서 이런 생각도 좋을 것 같다. 부모들이 고등학교 시기에 아이들에 가하는 압박감의 강도가 100%이고 중학교 3학년 시기는 80%라면, 중학교 1~2학년 시기만이라도 강도를 60%정도로 낮추면 어떨까? 나머지 40%은 아이가 관심 영역을 찾아가면서 꿈을 꾸고 끼를 발산하도록 자유롭게 풀어 주면 어떨까? 대학생들조차도 과연 어떤 적성을 살려 어떤 직업으로 나아가야 할지가 막막한데, 중학생 아이들로 하여금 진로를 개척할 토대를 마련하라고 기대하는 것은 어불성설이다. 그래도 삶의 이모저모를 경험하면서 한껏 상상할 수 있고 직업의 꿈이라도 꿔 볼 기회만이라도 만들어 줘 보자. 40% 정도의 압박감을 아예 덜어 주는 것은 결코 힘든 시도가 아니다. 이 시기가 지나고 고등학교 또는 재수 등을 거쳐 가면서 이런 기회는 되돌려 찾고 싶어도 그럴 수 없는 것이 우리 현실이기 때문이다.

부모들 중에는 만약 "우리 아이에게 여러 기회를 만들어 주는 것도 좋지만, 그런 경험들이 아이의 적성과 진로 방향과 맞지 않을 땐 시간 낭비"라고 우려하는 경우가 많다. 하지만 세계적인 교육 및 진로 전문가들의 지적은 이렇다. 가능하다면 아이들이 더욱 다양한 경험을 하게 해 주는 것이 타당하다는 것이다. 아이가 과연 어떤 분야에 관심을 갖고 어떤 방향으로 도전을 하게 될지에 대해 부모가 어떻게 미리 속단

할 수 있을까? 아이의 호기심, 관심, 끼, 열정이 어느 순간 멋들어지게 엮어질 수 있도록 되도록 많은 경험의 장을 마련해 주는 것이 옳다면, 자유학기제 기간만이라도 아이에게 그런 선물을 줘 보자는 것이다. 40%의 자유가 100%의 열정으로 살아날 수 있는 불쏘시개가 될 수도 있으니.

part 2.

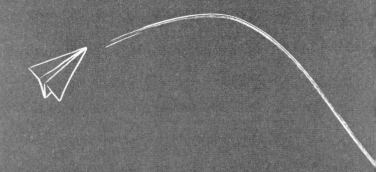

체험하고 느끼고
발신하자

군산에서 확 바뀐
아이들 태도

▶ 평창에서의 경험에서 얻은 배움은 어른만의 몫이 아니었다. 아이들 또한 그 때 경험을 통해 스스로 많은 것을 배웠다. 우리가 먼저 우리 스스로 부족했던 점, 그리고 아쉬웠던 점을 내비쳤다. 고맙게도 아이들도 마음을 열었다. 대부분의 아이들은 첫 번째 체험에서 약간 도가 지나친 면이 있었음을 인정했고, 어떤 아이들은 프로그램에서 개선해야 할 점에 대해서도 스스럼없이 의견을 전했다. 우리는 그 경험이 더 좋은 발전을 위한 의미 있는 시행착오였다는 것에 공감했다. 그리고 함께 다시 손을 맞잡았다. 다음부터는 서로 더 행복하고 배려하는 마음으로 체험에 나서자는 약속도 했다.

2016년 12월 11일, 우리는 드디어 두 번째 체험학습을 떠났다. 군산이었다. 군산을 선택한 이유가 있었다. 위안부 문제 등으로 아이들이 일제 강점기 시대에 대한 관심이 높았고, 역사 현장을 자주 가 봐야 한다는 학교나 학원 선생님들의 조언도 한 몫을 했다. 서울에서 좀 더 멀리 훌쩍 떠나 바다도 보고 싶고 배도 보고 싶다는 의견도 많았다. 몇몇은 "되돌아보면 평창이 경치도 아름다웠고 공기도 신선해서 너무 좋았는데, 제대로 느끼지 못한 것 같아 아쉽다"고 소회를 밝혔다. 한마디로, 다시 도시로부터 멀찍이 떨어진 곳으로 가고 싶다는 바람이었다.

우리 모두가 평창 '대참사'에 대해 허심탄회하게 이야기를 나눴기 때문이었을까? 아침 7시에 떠나는 버스에 올라타면서 아이들이 기사님께 꾸벅 인사를 하는 태도부터가 달라졌다. 군산에 도착해서 박물관 해설사가 설명할 때도 그랬다. 평창에서처럼 뒤로 꽁무니를 빼면서 슬그머니 자취를 감추는 아이도 없었다. 작은 것 하나라도 기억하겠다는 다짐이었는지 스탬프를 찍는 모습도 제법 진지했다. 잔뜩 배도 고팠을 텐데 분식 포장마차 앞을 의젓하게 지나가며 한눈을 팔지도 않았다. 군산근대건축관, 채만식문화관, 히로쓰 가옥 등을 둘러보면서 지치기도 했겠지만, 흐트러지는 모습을 보이지 않았다. 책이나 TV에서도 봤을 수도 있는 곳들을 들렀어도, 꺼드럭거리며 아는 척을 하거나 분위기를 흩트리지 않았다. 혼내거나 잔소리를 하지도 않았는데 마치 약속이라도 한 듯 사뭇 달라진 모습이었다.

일본의 침탈 등에 대해 아이들 모두가 큰 관심을 갖고 있는 것은 아니었다. 연구원들이 아이들에게 보여주고 싶었던 역사의 자취와 의미에 모두 다 공감대를 형성했던 것은 더욱이 아니었다. 그래도 군산 여행은 참으로 뜻 깊은 여정이었다. 공들여 마련한 시간을 아이들이 즐기려는 모습, 서로의 상황을 가늠하고 배려하려는 모습이 대견했다. 전부터 알고 지낸 친구들도 있었지만 체험학습에 와서 처음 만난 사이더라도 데면데면한 어색함은 금세 사라졌다.

남자와 여자가 서로 갈려 다니는 것도 없었다. 그냥 서로 둥글게 어울려 함께 하는 모습이었다. 암묵적으로 마음이 다 통해 막역한 사이처럼 비춰졌으니, 오히려 우리 연구원들이 어른들의 세상을 반성하고 싶을 정도였다. 숨 쉴 여유도 없이 경쟁에 내몰려 녹초가 된 모습, 학교 폭력으로 잔뜩 예민해진 모습, 선택된 아이들만 주목을 받기에 자신은 속절없이 작아질 수밖에 없는 모습 등은 아예 흔적을 찾을 수 없었다. 체험학습 동안 함께 걷고, 함께 웃고, 함께 박수 치며 우리는 자연스레 하나가 되고 있었다. 우리가 마음을 먼저 열고 더 진득하게 기다려 주면, 아이들도 천천히 우리를 더 신뢰하고 우리와 더 함께 하고 싶을 것이라는 확신도 생겼다.

체험학습 프로그램이 한 달에 한 번만 운영됐기 때문에, 자주 만나지는 못했지만 벌써 두 번의 동행을 통해 우리는 함께 하루를 보내는 시간이 결코 짧지 않다는 것을 느꼈다. 모르는 친구에게도 사탕 봉지를 뜯어 하나씩 나눠주는 그 작은 행동 하나도 커다란 마음의 반향을 불러일으켰을 것이다. 아이들은 차 안에서, 식당 안에서, 체험하는 장소에서 이제는 모두 진심으로 챙겨 주고 배려해 주고 싶은 한 가족이 되었다.

거친 말, 심지어는 육두문자까지도 일상용어가 된 현실의 소리들은 우리 체험 여행에서 들리지 않았다. 비록 하루였어도 아이들은 누가 구체적으로 뭐라고 가르치지도 않았지만, 자기들끼리 이미 시나브로 바뀌고 있었다. 의미 있는 시간을 누군가와 함께 한다는 것이 아이들은 너무도 좋았던 것일까? 학교와 학원과는 다른 진심 어린 배려와 양보의 가치를 느꼈던 것일까? 우리 연구원들은 특별히 시키지 않고 알아서 해 주기를 기다렸고, 아이들은 천천히 변화의 미동을 내비치기 시작했다. 스스로를 무겁게 감싸고 있는 거대한 껍질을 한 번 깨보겠다는 그런 꿈틀거림이었다. 자그마한 자유학기제 체험이 자그마한 변화를 이끌어 냈다. 하지만 희망은 점점 커지고 있었다.

목포 체험은 영어로 해 볼까?

▶ 우리가 세 번째 체험학습에 대해 부모들에게 "이번엔 목포로 갑니다. 영어로 떠나는 체험학습이 이번 테마입니다"라고 말했을 때 저마다 반신반의의 표정이었다. 공지를 올리면서부터 문의가 쇄도했다. 영어로만 말하는지, 우리말을 섞어서 써도 되는지, 영어라면 혀를 내두를 정도로 꽁무니를 빼는데 어떻게 해야 하는지 등 온갖 질문이 폭포수처럼 쏟아졌다. 일본의 침탈 등 역사의 현장을 확인하고 해양 문화의 미래를 엿보는 차원에서 군산에 이어 목포를 간다는 큰 틀의 취지는 온데간데없고, 엄마도 아이들도 모두 관심은 온통 영어에만 쏠려 있었다. 솔직한 심정으로 예상외의 반응에 우리도 아연실색했다. 어렸을 때부터 원어민 영어학원과 각종 영어 미디어에 이골이 날 정도로 접해 온 아이들인데, 영어 때문에 이토록 시끌벅적할 줄은 몰랐다.

목포는 가고 싶은데 영어 때문에 갈 엄두가 안 난다는 아이들에게 "우리 세대가 아주 오래 전에 배웠던 구닥다리 영어와는 다른 방식으로 영어에 접해 온 너희들인데, 무엇이 그렇게 무섭냐"며 반문하는 연구원들도 있었다. 우리는 "이번 체험을 통해 '마냥 두렵다고 생각했던 영어도 어떻게든 해낼 수 있다'는 생각을 갖게 해 줄 것"이라며 계속 설득을 했다. 그렇게 해서 힘겹게 체험단을 꾸려 목포로 떠날 수 있었다.

모든 것이 영어로 진행되지는 않았다. 일단 아이들의 긴장을 풀기 위해 버스 안에서 50문제로 구성된 한바탕 영어 퀴즈가 펼쳐졌다. 어렵지 않은 단어와 표현으로 간단한 문장을 완성하는 방식이었다. 외국어 담당 연구원이 아이들의 마음을 열어젖히기 위해 코믹한 분위기로 퀴즈를 이끌었고, 아이들은 그냥 편안한 마음으로 마치 놀이처럼 퀴즈에 도전했다. 아이들은 얼었던 마음을 녹이고 실컷 웃으며 콩글리쉬에서 잉글리쉬로 맘대로 왕복 달리기를 거듭했다. 영어를 즐기고 있었던 것이다. 학교 수행평가에서처럼 정해진 시간 안에 틀에 맞는 표현을 암기해야 하는 부담감도 없었다. 학원에서처럼 영어시험 후에 점수가 엄마에게 통보되는 잔혹한 결과도 없었다. 어법에 어긋난 기발한 표현에도 박수와 칭찬이 이어졌다. 웃고, 머리를 긁적이고, 얼굴이 빨개지면서도 아무런 거리낌 없이 그냥 영어를 말했다.

이렇게 잘 놀 거면서 왜 그렇게 영어에 대한 두려움에 벌벌 떨었던 것일까? 연구원들 생각에 영어는 학습 방법상의 세대 차이가 있다기보다는 세대가 함께 나누는 공감대가 존재하는 것 같았다. 영어 교육상의 많은 변화와 시도가 있었고 상대적으로 과거 세대보다 영어를 향한 더 많은 노출이 있었어도, 아이들에게 영어는 어려운 외국어였던 것이다. 우리 연구원들도 느끼는 것처럼 많은 아이들에게도 영어의 벽은 역시 철옹성이었다. 그러다 보니 목포 체험여행 동안, 영어는 우리 모두가 '진한 동포애'를 느낄 수 있는 촉매제 역할을 톡톡히 해 줬다.

영어가 가끔씩 발목을 잡긴 했지만, 목포 여정에서 아이들의 발걸음은 씩씩하고 가벼웠다. 유달산 정상에 올라가 코발트 블루 색깔의 하늘을 배경 삼아 푸르른 바다를 내려다보며 우리 모두가 호기롭게 함성을 질렀다. 목포 역사박물관에서 일본의 만행을 접하고 비분강개하기도 했다. 해양박물관에 전시된 거대한 목선과 그 앞을 지나는 초현대식 선박을 함께 바라보며 드넓은 바다와 세계를 한없이 그려 봤다. 중간 중간에 영어 설명과 영어 토론이 이어질 때도 아이들은 진지하고 성실하게 동참했다.

자신의 영어 잠재성을 발견하거나 영어에 대한 자신감을 재차 확인하는 등의 거창한 성과를 거둔 것은 아니었다. 그것이 체험 여행의 목표도 아니었다. 현실에서 싫고 벽을 쳤던 영어도 막상 해 보니 할 만했다고 느끼는 것만으로도 의의가 있다고 봤다. 그런 작은 의미를 만들어 내면 됐던 것이다. 어디 영어뿐이겠는가? 우리 아이들이 '막상 해 보니 지레 겁먹을 필요까지는 없었다'고 느낄 삶의 경험들은 무수히 많을 것이다. 바로 그런 경험의 장을 더 다양하게 만들어 줘야 한다는 생각, 작지만 의미 있는 가치를 발견할 수 있는 기회를 더 선사해야 한다는 생각이 소용돌이처럼 머릿속에서 더 커지기 시작했다. 자유학기제는 바로 이런 과감한 도전을 위해 제도적으로 마련돼 있는 시간이 아닌가? 우리 아이들이 그것을 십분 활용하고 십분 즐기길 수 있는 권리를 가졌던 것은 분명했다.

맘껏 쓰고 발산해야
꿈이 보인다

▶ 아이들은 자꾸 도전하면서 쑥쑥 성장하고 있었다. 두 번, 세 번을 만나면서 우리는 점점 하나의 팀이 되고 있었다. 우리가 즐기는 우리만의 시간이 차곡차곡 쌓이고 있었다. 아주 작게, 손톱 끝만큼이라도 아이들은 바뀌어 가고 있었던 것이 분명했다. 그래서 우리는 아이들에게 조금 더 욕심을 냈다. 단순한 체험 학습이 아니라, 체험 전에 사전 조사를 하고 체험 후에 보고서를 만들어 하나의 가치를 창출해 보는 것이었다. 그리고 많은 대화를 나누면서 아이들의 깊은 내면에 깃든 무엇인가를 끄집어내고 싶었다.

비록 사전 조사가 일종의 과제 성격일 수 있어 마음이 편하지는 않았겠지만, 먼저 알고 떠나는 것과 그렇지 않은 상태에서 떠나는 것은 천양지차라는 진심 어린 설득에 아이들은 기꺼이 고개를 끄덕이고 따라왔다. 무엇보다도 체험 후 작성해서 제출해야 했던 체험 보고서에 대한 부담감은 굉장히 컸다. 사전 조사와 실제 체험을 바탕으로 무엇인가 의미 있는 자신의 생각을 표출해야 하니 뒷골이 쑤셨던 모양이다. 그래서 보고서라는 말이 거북하다면 부담감이 크지 않은 리포트라고 생각해도 좋다며 아이들을 어르기도 했다.

우리는 아이들에게 전문적인 글쓰기 수준을 바라진 않았지만 앞으로 학교, 학원, 대회, 입시 등 수없이 많은 상황에서 다양한 글을 써야 하므로 그래도 기본은 알려줘야 한다고 봤다. 그래서 아예 평창 체험부터 글의 외형적 틀을 잡을 수 있도록 원고지에 보고서를 쓰게 했다. 논술 선생님까지 초빙했다. 하지만 애석하게도 바로 방향을 수정해야 했다. 아이들이 처음으로 제출한 육필 보고서는 상형문자인지 설형문자인지도 분간할 수 없는, 무엇인가 글자 비슷한 형태들이 그냥 작은 네모 칸에 채워진 파피루스처럼 보였다. 연구원들과 논술 선생님은 어안이 벙벙해 무엇을 어떻게 피드백해 줘야 할지도 막막했다. 세 시간 동안 공들여 작성한 보고서는 누구에게도 보여주기 힘든 전무후무한 참담한 결과물이었다.

몇몇 아이들이 볼멘소리로 "연필로 쓰게 하지 말고 컴퓨터로 작성하게 해 주면 잘 할 수 있다"고 투덜거렸다. 그래서 작전을 바꿨다. 마침 코딩 특강도 시작을 했던 터라, 우리는 군산체험부터는 PPT로 보고서 작성을 하기로 했다. 그런데 또 다른 난관이 기다리고 있었다. 관련 정보와 사진 등을 찾아야 하는데 아이들은 검색을 못해 쩔쩔맸다. 키워드에 대한 이해가 부족했건 것이다. 당연히 알고 있을 것이라고 봤는데 우리의 오판이었다. 정형화된 틀에 맞춰 달달 외우기만 하면 되는 교과서와 학원 교재 속에서 생각의 나래를 펼 수가 없었던 아이들이었다. 그 틀을 벗어나 자기만의 의미와 가치를 만들어내는 시도를 해본 적이 전무하다고 해도 과언이 아닐 그런 아이들이었다.

과욕을 부릴 순 없었다. 그래서 서론 · 본론 · 결론의 대략적인 틀을 일단 제시한 뒤 글의 제목을 생각하게 해서, 그 제목을 키워드로 관련 정보를 검색하게 했다. 그렇다고 큰 짐을 부린 것은 아니었다. 키워드를 찾아 정보를 골라냈지만 그것을 맥락이 이어지도록 연결하는 작업도 일일이 거들어 줘야 했다. 학교가 원망스러웠다. 학원도 원망스러웠다. 마음껏 생각을 표출하라고 해도 연신 끙끙거리는 아이들에 대한 안타까움도 안타까움이었지만, 우리 교육 현실이 답답하기 그지없었다. 비난의 화살을 누군가에게 날리고 싶었다. 그래도 꾹 참았다. 아이에게

걸음마를 가르치는 엄마의 마음이 필요했다. 눈 딱 감고 다시 처음부터 시작하기로 하고 크게 들숨을 들이마셨다.

글에 자신만의 생각과 가치를 온전하게 담을 수 있도록 거들기 위해서는 아이들의 속내를 먼저 알아야 한다고 봤다. 그렇게 하기 위해서는 연구원들과 아이들의 소통과 교감이 중요하긴 했지만, 아이들끼리 서로의 생각을 스스럼없이 마음껏 나누는 것도 마찬가지로 필요하다고 봤다. 우리는 삶의 다양한 시각을 접하는 것이야말로 남을 이해하고 자신을 반추하는 가장 효과적인 방법이라고 믿었기 때문이었다. 비록 스스로의 장점과 단점이 죄다 드러나더라도 일단 해 보기로 했다. 그래서 글쓰기에 이어 발표까지 하는 것으로 방향을 수정했다.

당연히 버거운 기색이 역력했다. 그래도 우리는 계속 독려했다. 아이들이 이처럼 고생한다는 것은 여태껏 그런 환경에 노출된 적이 거의 없었기 때문이었다. 그래서 꾸준히 참아낸다면 쓰기와 발표에 대한 자신감이 쌓여가는 것은 시간문제였다고 확신했다. 그저 토닥토닥 등을 두드렸다. 다그치지도 않았다. 방향을 제시했고 믿음을 줬다.

생각하고 쓰고 표현하는 모든 과정에서 아이들의 깊은 속내가 살포시 드러났다. 아이들은 학교가 밉고, 학원이 싫고, 친구들이 야속하고, 아빠 엄마에게 섭섭하다는 등의 갖은 넋두리를 되뇌기도 했다. 우리는 그냥 고개를 끄덕이고 다시 어깨를 토닥거렸다. 시비를 가리거나 가치 판단을 하지 않았다. 열정이든 울분이든 희망이든 뭐든지 발산해 보도록 했다. 그래서였을까? 천천히, 아주 천천히 우리 연구원들과 아이들은 공감을 바탕으로 소통의 끈이 이어지고 있었다. 그 끈은 가느다란 노끈으로 엮이기 시작해 어느 새 굵은 밧줄이 되어가고 있었다.

그런 과정을 거치면서, 어른들이 아이들을 몰라도 너무 모르고 있었다는 것을 우리는 새삼 깨달았다. 짐짓 관심 있는 척 어른들이 툭 던지는 몇 마디에 아이들의 마음은 열리지 않음을 절감했다. 과거의 기준에 얽매인 고루한 사고방식으로, 아이들이 알면 무엇을 알겠느냐는 편벽된 접근으로는 아이들과 절대로 가까워질 수 없다는 것도 알았다. 쉽사리 마음을 열지 않는다며, 시키는 대로 하지 않는다며 고함을 치고 우격다짐을 하더라도 소용없다는 것도 깨달았다. 그럴수록 어른들을 향해 빠끔히 열어 둔 자그마한 소통의 창마저도 아이들은 닫아 버리기 때문이다. 그래서 기다렸다. 말을 하는 것보다는 아이들의 말에 귀를 기울였다. 자신을 가둬 놓기보다는 되도록 발산하도록 했다. 아이들은 작지만 좀더 탈바꿈해 갔다. 그러면서 자신을 짓누르는 두꺼운 껍질을 때로는 제법 힘차게 밀어 보는 시도도 했다. 무엇인가를 하고 싶다는, 무엇인가를 표출하고 싶다는 생각을 더 과감히 드러냈다. 직업에 대한 관심도 살짝 비추기 시작했다. 일부러 자극한 것도 아니었는데 무엇인가 해 보고 싶었던 것이 분명했다.

아이들만 변하고 있었던 것은 아니었다. 부모들도 변하고 있었다. 우리의 갖은 시도에 대해 애초에 가졌던 미심쩍은 눈초리는 관심의 시선으로 바뀌고 있었다. 아이들을 학원에 보내 밤 10시까지 앉혀 놓은 것만이 능사가 아니라, 오전 10시까지만이라도 의미 있는 경험을 하게 하는 것도 필요하다는 관점에 부모들은 고개를 끄덕였다. 공식을 달달 외워 수학 문제집 스무 장을 푸는 것만이 성장을 위한 밑거름이 되는 것이 아니라, 자신이 발견한 의의와 가치를 단 두 장의 종이 위에 마음껏 표출하는 것도 마찬가지로 중요하다고 보기 시작했던 것이다.

아이들이 행복하기를 바라는 것은 모든 부모에게 인지상정이다. 하지만 아이의 미래에 대한 우리 사회 부모들의 속내를 들춰보면 문제점투성이다. 아이들의 미래 만들기가 자신의 대리 만족을 위한 것이거나, 혹은 허영에 휘둘려 비현실적인 기대 심리를 갖는 경우가 다반사다. 그와는 대조적으로, 현실을 너무 냉혹하게 직시한 나머지 현실의 압박감에 허덕이는 자신의 모습을 자식에게 그대로 투영해, 비관적인 관념을 은연중에 스미게 하는 부모도 적지 않다. 우리의 자유학기제 프로그램에 아이를 맡긴 부모들 중에도 그런 두 가지 유형이 다 포함돼 있었다.

그래서 부모들과도 우리는 자주 만남의 시간을 가졌다. 처음에는 아이들에게 시간과 기회와 기다림을 달라는 우리의 하소연이 전부였다면, 시간이 흐르면서 우리의 만남은 서로의 공감을 확인하는 장으로 변모했다. 부모들은 그들이 품고 있던 세상이 아주 작은 종지였음을 인정했다. 세상에는 무수한 직업이 있고 아이들은 어른들이 도통 이해할 수 없는 영역에 대해 나름대로의 꿈을 머금고 있다는 것도 알게 됐다. 아이들의 미래는 지금의 성적과 입시가 아니라, 열린 마음과 극복 의지가 토대를 이루지 않으면 사상누각과 다를 바가 없다는 점도 받아들였다. 앞으로 아이들이 살아갈 세계는 조막만한 종지가 아니라 거대한 호수, 거대한 바다라는 엄연한 사실도 부인하지 않았다.

군산과 목포에서의 체험만 보더라도, 부모들은 단순한 당일치기 여행 정도로 봤던 것이 사실이었다. 하지만, 아이들이 가기 전에 무엇인가를 골똘히 생각하고, 갔다 온 후에도 책을 펼치고 인터넷을 검색하면서 무엇인가를 건져내려고 씨름하는 모습을 보고 생각이 바뀌었다. 우리가 부모들에게 "다음에는 아이들이 더 구체적인 진로와 직업을 탐구하고, 더 과감히 포부를 밝히는 시간을 만들어 보겠다"고 했을 때 전폭적인 지지를 하겠다는 답변도 돌아왔다. 든든했다. 그러면서 뿌듯했다. 자유학기제는 아이가 학교에서만 활동을 하고 끝나는 것이 아니라는 인식의 틀이 더 분명해졌다. 자유학기제의 참뜻은 아이들이 만들어 낸 상상과 호기심의 구슬을 학교 담장 밖에서도 많은 사람들이 함께 꿰는 데 동참을 해야 비로소 보물이 될 수 있다는 공감대가 커다랗게 부풀고 있었다.

▲ 평창체험에서 산양삼을 캐며

▲ 평창체험 6차 산업 강연을 듣고서

▲ 군산체험에서 스탬프를 찍으며

▲ 목포 유달산 기슭에서 함께 한 컷

▲ 목포 유달산을 오르며 함박웃음

▲ 거제도 조선소 체험 현장에서

▲ 진로포럼 창업 사업계획서를 쓰며

▲ 외국계기업 전문가와 인터뷰

체험하고, 알고 떠나고
기록을 남겨야 '제맛'

1) 주변 사람들과 함께 하면 흥미 만점

우리 일상이 특별하지 않은데 진로를 고민한다고 해서 반드시 체험 장소는 특별해야 한다는 법은 없다. 진로에 대한 고민과 탐색은 우리 주변에서부터 먼저 시작하는 것이 맞지 않나 싶었다. 그런데도 우리가 체험학습을 떠날 때 제법 먼 곳을 선택한 이유는 부모, 그리고 익숙한 환경으로부터 거리를 유지하고 싶어서였다.

실제로 서울 등 대도시 안팎의 지근거리에 있는 곳들은 대부분의 아이들이 가 본 적이 있는 경우가 많았다. 학부모들 중에는 "부부가 맞벌이를 하고 가는 곳만 가다 보니 아이들과 멀리 떠나 본 적이 별로 없다"며 "아이가 먼 곳에서 참신한 경험을 할 수 있다면 정말 뜻 깊을 것 같다"고 말하는 경우도 많았다. 그래서, 아이들이 컴포트 존Comfort Zone, 즉 확실하고 편안하고 보호 받을 수 있는 환경에서 벗어나, 색다른 분위기에서 자신을 되돌아보고 진로를 고민하는 주인공임을 느끼게 해 주고 싶었다.

  그렇다고 무조건 멀리 여정을 짜야 하는 것은 아니다. 우리도 꼭 그렇게 한 것은 아니었다. 어디를 가든 그 곳에는 우리가 찾을 수 있는 체험의 연결고리들이 있었고, 아이들은 그것들로부터 작지만 의미 있는 가치를 찾아 갔다. 어디를 가든 과거를 되돌아보고, 현실에 대해 토의하고, 심지어는 체험 테마로부터 미래 진로 개척의 가능성도 함께 살펴 볼 수 있었다. 아이들은 자신이 개인적으로 알거나 관심을 가져본 적이 없는 진로이더라도, 다른 사람의 관점을 접하면서 미래를 향한 생각의 틀을 넓혀 나아갔다. 벤다이어그램Venn diagram에서처럼 다른 원들이 한데 만나 작은 교집합이 만들어지는 것이 아니라, 모든 생각의 원들이 한데 합쳐져 더 거대한 꿈의 틀이 형성됐던 것이다. 그런 기회의 장이 열리도록 알차게 프로그램을 짜는 것이 바로 부모의 역할 중의 하나일 것이다.

  그렇다면 체험은 누구와 하는 것이 좋을까? 체험학습을 꼭 특정 단체 등에서 주최하는 공식적인 이벤트를 따라 가야 한다는 법칙은 없다. 그렇다고 가족만 달랑 떠나는 체험학습은 느슨해져서 소기의 성과를 거둘 수 없는 경우가 많다. 하지만 이것은 가능하다. 가족들끼리 친한 모임, 학부모 모임, 동아리 모임 등을 통해 부모와 아이가 함께 할 수 있는 기회가 마련된다면, 얼마든지 운용의 묘를 살려 톡톡한 효과를 볼 수 있다.

만약 엄마 모임 멤버 네 가족이 떠나는 체험학습을 준비한다고 상상해 보자. 종이 지도가 있다면 좋겠지만, 그렇지 않을 땐 인터넷 지도를 쫙 펴 보자. 축제, 박람회, 전시회 등 주변의 소소한 행사도 좋지만, 저 멀리 떨어진 지역 이벤트에도 눈길을 줘 보자. 죽이 맞는다면 아예 멀리라도 떠나 보는 것은 어떨까? 작은 버스를 대절해 떠나는 것도 좋다. 우리 경험상 상황에 따라 보험에도 가입해야 하고 일일이 물품 등을 준비해야 해서 좀 힘에 부칠 수는 있어도, 그냥 멀리 떠나 생경한 경험을 했던 것이 새록새록 가장 소중한 기억으로 남았다.

일정 담당은 세연이 엄마, 지역 명소 설명은 주희 엄마, 이동 시간에 퀴즈 담당은 설휘 엄마, 식사 및 간식 담당은 아연이 엄마로 역할을 분담해도 좋을 것이다. 만약 서로 공감대가 형성되면, 주민자치센터 빈 회의실을 무료로 빌려 발표회를 열면 어떨까? 경험이나 체험을 글이나 말로 표현할 때, 추억은 더 깊게 아로새겨지고 가치는 더욱 크게 만들어질 수 있기 때문이다.

2) 체험학습 전 사전 준비는 꼭!

부모 입장에서 큰 마음먹고 떠나는 해외여행도 아이들은 장소도 기억 못할 때가 많다. 비행기를 타고 다녀와 친구들에게 자랑할 수 있다는 사실이 신날 뿐이다. 하지만 그것도 몇 번 지나면 시들하다. 왜냐하면 그런 많은 여정들이 개인의 취향과 템포와는 별개로 짜여 있고, 주도적인 관심과 참여의 기회가 배제된 경우가 많아서다.

그래서 우리는 아이들이 체험학습의 주체가 돼야 한다고 생각했다. 비록 대략적인 틀을 우리가 제시하기는 했지만, 구체적으로 어떤 요소에 흥미를 갖고 접근해 볼 것인지에 대해 미리 가늠해 보는 것이 필요하다고 봤던 것이다. 체험학습을 가기 전에 사전 자료를 조사하게 했던 것에 큰 비중을 뒀던 이유도 바로 그것이다. 우리가 무엇을 보러 가는지 미리 알고 아이들이 능동적으로 움직이는 것을 보고 싶었다. 문제집의 문제만 푸는 아이들은 생각 주머니를 열기가 쉽지 않다. "모르겠다" "귀찮다"라는 식으로 그들만의 화법으로 응수해 버리기 때문이다. 그래서 우리는 우리가 가는 곳이 어디인지, 그 곳에서 우리가 볼 것이 무엇인지, 갖다 와서도 계속 생각하고 탐구해 볼 만한 가치가 있는 것은 과연 어떤 것인지를 그려 보도록 했다.

여행 전문가들이 습관적으로 하는 말 중에 "여행지에서는 알고 있는 것만큼 보인다"라는 말이 있다. 아무리 관련 단체, 학부모, 교사들이 전력을 다해 여행 및 체험 등을 기획한다고 하더라도, 정작 이벤트의 주인공인 아이들의 머리속에 '밑그림'이 그려져 있지 않으면 겉만 번지르르한 속 빈 강정이 되기 일쑤다. 따라서, 국내 여행을 가든, 해외 여행을 가든, 박람회와 전시회를 가든, 우선적으로 아이들이 여정을 짜는 데 조금이라도 동참할 수 있도록 해야 한다.

스스로 관심 영역을 조금이라도 탐색해 보는 것이 좋겠지만, 도무지 큰 관심을 보이지 않는다면 유튜브 등을 통한 시청각 자료라도 동원해 아이들의 호기심을 자극해 주는 것도 좋다. 이런 과정이 없다면 200만 원짜리 여행도 아이에게는 2만 원 정도의 가치밖에 남는 것이 없을 수 있다. 반대로, 2만 원짜리 여행도 아이에게 미리 가치를 발견할 수 있도록 자극하면 값을 헤아릴 수 없을 정도의 소중한 추억으로 남게 될 것이다.

3) 체험학습 후 보고서는 사진과 함께

우리는 체험을 이끌면서, 진심으로 소통하기를 원한다는 점을 확인시키려고 노력했다. 아이들과 시선을 맞추고 함께 고민하고, 궁금증이 생긴다면 어떤 시도도 마다하지 않고 함께 도전할 수 있다는 신뢰를 갖게 했다. 가치를 함께 만들어 가는 동반자가 바로 우리라는 것을 보여 주고 싶어서였다. 그리고 모든 경험을 소중한 추억으로, 그러면서 의미 있는 변화의 계기로 만들고 싶어서였다.

그래서, 체험의 가치를 결과물로 남길 수 있는 방법을 우리가 많이 고민했던 것은 당연했다. 사전자료 작성과 체험학습을 거친 후 우리가 예상한 것과 실제로 경험한 것과의 차이 등을 느끼고 소통할 수 있도록 하는 것이 중요하다고 우리는 믿었다. 체험 후 추후 과정에서 나만의 보고서를 아이들이 반드시 정리하도록 했던 것도 바로 그 점 때문이었다. 보고서는 리포트 또는 감상문 등으로 불려도 좋다. 우리가 앞으로 더 추가적으로 살펴봐야 할 미션을 정해보고, 그것과 관련된 계획도 잡아보는 연습도 병행했다. 처음에 맞닥뜨렸던 보고서라는 존재는 아이들 시각에서 봤을 때 막막하기도 했고 무겁기도 했다. 하지만, 모든 것은 시간이 해결해 줬다. 미래를 향한 의미 있는 도전과 성취감이라는 공감대가 형성되고 실제로 하나하나 작은 결과물을 축적해 감에 따라, 초반의 버거운 느낌은 오히려 한결 가볍게 와 닿았다.

직업으로만 생각했던 진로는 빙산의 일각이었고 세상에는 다양한 가능성이 존재한다는 사실을 진지하게 깨닫는 과정에서 보고서의 힘은 컸다. 지금껏 내가 알고 있던 것들이 전부가 아니란 것을 자각하고, 앞으로 무엇을 해야 할 지를 가늠할 수 있게 한 밑거름은 바로 보고서였다. 물론 요즘처럼 복잡한 설계와 쓰기를 싫어하는 아이들에게 보고서는 큰 부담일 수 있다. 하지만, 시간이 걸리더라도 작은 변화를 조금씩 일궈낼 끈기가 있다면, 그리고 주변에서 지속적으로 가치를 부여해 주면 보고서 작성은 금세 익숙해진다.

그렇다면, 보고서는 어떤 방법으로 작업하면 좋을까? 학교, 학원,

관련 단체 등의 여행 및 체험 등을 가게 될 경우 종이에 보고서를 작성하는 경우가 있다. 한데 문제는 종이에 기록한 보고서 및 감상문 등은 그 때 그 순간으로 영원히 사라지는 경우가 태반이다. 따라서 되도록이면 컴퓨터 파일로 따로 저장해 두는 것이 가장 효과적이다. 이런 과정에서 교사나 부모의 도움이 수반된다면 보고서 정리는 훨씬 수월해지고 완성도는 더욱 탄탄해진다.

가장 추천하는 것은 바로 개인 블로그 또는 특정 단체에서 지속적으로 관리하고 피드백을 주는 온라인 사이트다. 요즘 체험에서 사진을 많이 찍으므로 시각 자료를 보고서에 첨가할 경우 은근한 성취감을 덤으로 불러일으킬 수 있다. 만약 아이가 글을 제대로 이어가지 못하거나 두서없이 내용을 전개할 때 중심 키워드를 잡아 주고 글의 흐름을 유도하는 것이 좋은데, 그것도 불안하다면 사진을 중심축으로 설정해도 좋다는 의미다.

만약 전라남도 보성에 갔다고 해 보자. 녹차밭, 녹차 먹인 돼지 식당, 녹차 아이스크림, 율포해수욕장, 해수탕 등 이렇게 다섯 장면을 사진에 담았다고 가정해 보자. 녹차밭 사진을 통해 보성 녹차의 대체적인 특징을 쓰고, 녹차 먹인 돼지 식당과 녹차 아이스크림 사진을 통해 녹차를 활용한 다양한 응용 산업에 대해서도 언급할 수 있다. 그리고 율포해수욕장과 해수탕 사진을 통해 지역의 지리적인 특성을 최대한 활용한 관광 산업 아이디어 등도 서술할 수 있을 것이다.

사진을 이용하면 키워드를 이용하는 것보다 아이들의 글 길이가 훨씬 늘어나는 '예상 밖의 성과'도 덩달아 만끽할 수 있다. 눈앞에 펼쳐지는 듯 무엇인가 앞에 보여야 기억의 실타래도 술술 풀리니, 당연히 글의 양도 늘어날 수 있다. 무엇보다도, 그런 아이들의 노력에 대해 주변에서 긍정적인 피드백을 전해 준다면 그 효과는 극대화될 것이다.

자유학기제 기간 동안 학교 담장 밖에서 능동적이고 자율적으로 이뤄질 수 있는 체험 아이템은 무수하고, 그것으로부터 아이의 뇌리에 스며들 수 있는 추억과 가치도 역시 무수하다. 그 무한대의 가능성을 만들어내기 위해 무한대의 방법을 짜낼 수 있는 주체는 우리 모두다. 친구도 좋고 가족도 좋고 이웃도 좋다. 자유학기제의 주인공은 바로 우리 모두다.

part 3.

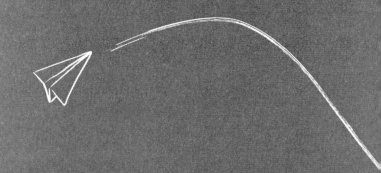

공감하고 나누는
미래를 향해

맘껏 상상하고,
실컷 체험하고

버스 안 가득한 호기심, 그리고 배려

▶ 2017년 2월 22일 수요일. 거제도로 세 번째 체험학습을 떠나는 날 우리는 멀리 가는 길이 부담스러웠던 데다 설상가상으로 꾸물거리는 날씨 때문에 마음이 편하지 않았다. 엄마들은 추적추적 비가 내리는 아침에 제법 먼 길을 떠나는 아이들을 걱정하는 마음이 앞섰다. 버스가 시야에서 멀찍이 벗어날 때까지 손을 연신 흔드는 엄마들을 뒤로 하고 우리는 여정에 나섰다.

거제도 체험이 비 때문에 흐지부지되거나 무산이 될까 봐 노심초사했는데 기우였다. 거제도는 생각한 것만큼 춥지 않았다. 무엇보다도 벚나무의 꽃망울들이 올망졸망 제법 피어 오른 것을 보고 우리는 모두 놀라지 않을 수 없었다. 여전히 추운 북쪽의 서울에서 먼 남쪽으로 손님이 왔다면서 조금은 일찍 봄의 속살을 살포시 내비치며 우리를 맞이해 주는 것 같았다. 보슬보

슬 내리는 2월의 겨울비도 봄비처럼 따스하게 와 닿을 정도였으니, 우리의 태산 같았던 걱정은 언제 그랬냐는 듯이 흐물흐물 사라졌다.

우리가 거제도로 행선지를 결정했던 이유가 있었다. 군산과 목포 체험은 역사적인 맥락에서 접근한 것이었다면, 이제부터의 체험은 좀 더 미래 직업 쪽으로 무게 중심을 옮길 필요가 있다고 봤기 때문이다. 엄마들 중에 "진로 체험인 줄 알았는데 역사 체험 중심으로 흘러가는 것 같다"는 의견을 내비치는 분들도 있었다. 우리는 "군산과 목포에서 역사 전시관들을 갔다고 그것을 꼭 역사 체험이라고 국한해서 생각하지는 않는다"며 "어시장, 항구, 터미널, 섬을 잇는 거대한 해상 대교 등 모든 것이 직업과 연관될 수 있는 소재"라고 말했다. 눈앞에서 전개되는 일하는 모습을 보는 것만이 진로 체험은 아니라고 우리는 믿었다.

직업과 진로 등에 대한 우리의 방향 설정 중에 가장 큰 고민은 따로 있었다. 지금 아이들이 볼 수 있는 직업의 상당수는 10년 또는 20년 후, 즉 아이들이 본격적으로 사회에 첫 발을 내딛게 될 때쯤이면 온데간데없이 사라질 개연성이 높다. 예를 들어, 만약 우리가 아이들로 하여금 신문 및 잡지 기자들의 세계를 경험할 기회를 주고 보고서를 작성했다고 치자. 한데 생각해 볼 점이 있다. 최첨단 인공지능 시스템이 기사를 쓰는 시대가 현실화됐고, 현재 기자들은 자신의 위치가 가시방석과 같은 상황이다. 이렇게 앞으로 한치 앞을 바라보는 것도 힘든 직업이 수두룩한데, 특정 직업들을 보여 주는 것 위주로 체험을 진행하는 것이 과연 상책일지에 대한 고민이었다.

고민에 대한 해답은 없다. 앞으로도 계속 생존할 수 있는 직업들을 선별하는 혜안이 우리에게 있는 것도 아니다. 그렇다면 무엇을 해야 할까? 우리 나름대로의 해답이 나왔다. 아이들 스스로가 현실을 경험하면서 미래를 나름대로 상상할 수 있도록, 다양한 경험의 장을 마련해 주자는 것이다. 비록 특정 직업의 미래가 불투명하더라도 상관없다. 앞으로의 세상은 융합과 창조의 시대라고 한다면, 가급적 많은 것을 경험해야 그 네트워크의 연결 고리들을 잇는 토대가 마련될 수 있기 때문이다.

이렇게 되도록 다채로운 경험의 장을 선사해야 하겠다는 생각을 품고 여러 계획을 세우고 있을 때였다. 때마침 연구원의 소개로 연락이 닿은 거제도 삼성중공업 관계자를 알게 됐다. 아이들이 견학을 올 수 있다면 최선을 다해 조선소의 이모저모를 볼 수 있도록 하겠다며 열의를 보였던 분이었다. 지금은 여러 요인으로 난관에 직면해 있지만, 우리 경제를 가장 역동적으로 이끌었던 조선업의 현장을 둘러볼 수 있게 된 것이다.

비가 부슬부슬 내리던 거제도 삼성중공업 조선소. 뿌연 안개도 살짝 내려앉아 있었다. 보통 때라면 깨나 북적거릴 때가 많다는 도크 작업장은 궂은 날씨 때문에 한산한 모습이었다. 근처에는 집채 같은 배의 일부가 휑뎅그렇한 작업장 한켠에 서 있었다. 비가 오는 날이면 작업이 이뤄지지 않는 날이 많기 때문이었다. 그래도 우리는 좋았다. 조선소 관계자 덕분에 우리는 VIP 대접을 받으며 전용 버스를 타고 견학을 하는 호사를 누리고 있었던 것이다. 그런데 갑자기 우리 연구원들 눈에 감격적인 모습이 들어왔다. 버스에 동승했던 조선소 홍보 담당 부장님도 예상 밖의 상황이라고 여겼는지 아이들을 물끄러미 쳐다봤다.

상황은 이랬다. 버스를 타고 현장을 돌아보는데 갑자기 빗줄기가 굵어진 데다 버스 안 훈기로 인해 창에 서리가 잔뜩 끼어 밖이 잘 보이지 않았던 순간이었다. 차 히터 온도도 제법 높게 설정된 탓에, 4시간 넘게 버스를 타고 온 아이들이 축 처진 모습으로 곯아떨어지기에 딱 좋은 분위기였다. 보통 수학여행에서 비슷한 상황이라면 대부분의 아이들은 모든 것이 귀찮은 듯 나자빠졌을 것이다. 한데, 생각하지도 못한 일이 벌어졌다. 아이들이 뿌연 차창을 연신 손바닥과 옷으로 닦아내며 조금이라도 더 잘 보려고 모두들 창에 매미처럼 달라붙어 있었다. 친구들이 볼 수 있게 자리도 비켜 주고, 선박에 대해 제법 알고 있던 몇몇 아이들은 손가락으로 바깥을 가리키며 무엇인가를 열심히 설명하기도 했다. 보고서에 넣을 사진을 찍으려고 했는지 몇몇 아이들은 스마트폰 셔터를 연신 눌렀다. 홍보 부장님을 향해 배의 종류, 제조비용, 소요 인원 등 제법 구체적인 질문도 쏟아졌다. 정말 도떼기시장처럼 시끌벅적했다.

눈물이 핑 감돌았다. 우리 아이들이 이렇게 성장하고 있었다. 다그치지도 않았는데 스스로 나서서 무엇인가를 탐구하려는 모습, 서로를 배려하며 도우려는 모습이 대견했다. 그냥 조금 기다리면 되는 것을, 하고 싶은 것을 할 수 있는 여유를 조금 주면 되는 것을 우리 어른들은 참지 못해 간섭하고 안달했다. 그럴 필요가 없는데 말이다. 부끄러웠다. 끝까지 믿지 못하고 조바심 내서 아이들을 억지로 이끌고 타박했던 적을 떠올리며 괜스레 사과라도 하고 싶었다.

그날 체험에서 아이들은 배만 만들 거라 생각했던 조선소에 무수한 직업들이 연계돼 있다는 것을 배웠다. 셀 수 없는 종류의 부품과 자재들이 다량으로 수입되다 보니 무역업 종사자들도 쉴 새 없이 드나들고, 기술 센터뿐만이 아니라 디자인 연구소에도 내로라하는 디자이너들도 땀을 흘리고 있다는 등의 유익한 직업 정보도 얻었다. 아이들은 조선소 관계자들에게 선박 제조와 연결될 수 있는 대학 학과, 취업 방법 및 전망 등에 대한 질문도 던졌다.

우리 연구원들은 그야말로 '괄목상대'라고 할 만한 아이들의 태도에 여러 번 놀라면서 지난 몇 달 동안을 반추해 봤다. 두 달 전 군산에 다녀와 아이들에게 보고서 마지막 장에 군산에서 볼 수 있던 직업을 다섯 가지 이상 적어보라고 했던 때가 떠올랐다. 솔직히 답답했다. 발끈 화가 치밀어 올랐다. 아이들이 공통적으로 많이 적은 직업들은 버스 기사, 청소부, 문화 해설사, 공무원, 경찰, 식당 종업원 등이었다. 물론 직업의 귀천을 따질 순 없지만, 아이들 생각의 테두리에서는 체험 동안 겉으로 보였던 직업들만이 전부였다. 그래서 목포에서부터는 좀 더 깊게 직업 종류를 예상해 보도록 자극했다. 예를 들어, 박물관에 전시된 1930년대 목포 시내의 축소 모형, 목포 주변 섬들을 잇는 거대한 해상 대교, 목포항을 드나드는 각종 선박 등을 함께 봤을 때 그것을 제작하기 위해 어떤 직종의 전문가가 필요한지 등에 대해 많은 이야기를 나눴다.

그런 노력과 변화가 계속 시도되고 있었기 때문에 거제도에서 아이들의 태도가 사뭇 달라졌다고 믿는다. 만약 교실 안에서 타성에 젖은 채 마치 수업 같은 느낌으로 진로 찾기를 시도했다면, 같은 결과는 나오지 않았을 것이다. 함께 걷고 함께 뛰고 함께 먹으며 갖은 시행착오를 함께 거쳤기 때문에, 아이들이 느리게라도 변해갔던 것이다.

미래의 주인공은 아이들이었고, 상상의 주인공도 아이들이었다. 거제도 체험 후 몇몇 아이들은 그 때 인상적으로 봤던 조선소의 위용이 최근 위축되고 있다는 것에 내심 걱정을 했다. 조선업 침체를 언론 등에서 자주 접했기 때문이었다. 그 당시의 체험, 현실적인 문제, 미래의 전망까지도 머릿속에서 그려지고 있는 듯 보였다. 심지어는 "최악의 시나리오로 만약 우리나라에서 조선업이 결국 없어진다면, 그 넓은 자리에 무엇이 생길지 궁금하다"라는 호기심을 내비친 아이도 있었다.

서로 같이 이동하고 서로 함께 모여 이야기하면서, 아이들이 정말 무슨 생각을 하는지에 대해 오히려 우리가 호기심이 생길 정도였다. 단순히 문제집을 풀게 하고, 학원을 돌게 하고, 숙제를 검사하고, 성적을 체크하는 것으로는 아이들의 심사를 꿰뚫어 볼 수 없다. 아이들도 학원 순례만 반복하다 보면 서로의 의

중과 느낌을 교감할 수 없다. 서로 얼굴을 맞대고 의견을 경청하면서 함께 생각의 틀을 넓혀가는 시간, 바로 그 소중한 시간을 자유학기제로부터 우리 모두가 누릴 수 있다. 그렇게 하고자 하는 의지가 있다면 말이다. 그래서 자유학기제는 우리에게 선택지를 던지는 기간이라고 보면 된다. 그 기간 동안 원래대로 그냥 똑같이 갈 것인지, 아니면 그 기간 동안 원래와 다른 방향으로 가 볼 것인지… 선택도 자유다.

영어로 미래를 멋지게 펼쳐 보이다

▶ 내 아이가 TED 영어 강의를 제대로 이해할 수 있을까? 영어 발표는 가능할까? 수십 명의 학부모들이 떡하니 앞에 앉아 바라보고 있을 텐데. 숫기가 없어 남 앞에 서는 것은 도통 안 하려고 하는 녀석인데 어쩌나? 앞에 서서 쭈뼛쭈뼛 눈치만 보고 더듬거리다가 속절없이 머리만 긁는 것은 아닐까?

2017년 3월 19일 일요일에 열린 첫 TED 특강은 부모님들의 이런 불안감을 안고 시작됐다. 장소는 용인 대웅경영개발 연수원 대형 세미나실이었다. 우선 3시간 동안은 TED Talks 강연을 보면서 주요한 부분을 체크하고 핵심 주장에 대해 서로의 의견을 발표하는 형식이었다. 큰 세미나실을 썼던 이유가 있었다. 특강에 참여한 아이들의 부모님들이 오후 발표 시간에 모두 오기로 돼 있었기 때문에, 널찍한 공간이 필요했다.

아이들에게 넓은 세상을 보여 주는 자극제로 TED는 그야말로 제격이었다. 'Technology, Entertainment, Design' 약자로 교수, 공학자, 의사, 예술가, 탐험가 등 다양한 분야의 최고 전문가들이 대중을 대상으로 지식과 지혜를 전달하는 공개 강연이 바로 TED다. 세계의 주요 국가들에서 강연이 펼쳐지고 있으며, TED 영어가 주목 받는 이유 중의 하나는 수준 높은 영어 학습은 물론이고 자신감 있는 발표의 노하우까지 덤으로 익힐 수 있다는 장점 때문이다. 당연히 TED 특강에 대한 우리의 기대는 컸다.

하지만 큰 장애물이 있었다. 영어를 학습으로만 여기는 학생들과 부모님들의 편향되고 왜곡된 시각 때문에, 아무리 좋다고 하더라도 TED는 또 다른 짐이 되는 것 같았다. 이 편견을 넘어서기 위해, TED는 영어 공부가 아니라 더 너른 세상에 다가가기 위한 감동과 자극이라는 점을 두루 공감하고 싶었다. 우리가 모든 직업을 알 수도 경험할 수도 없는 상황에서, 책과 마찬가지로 TED도 간접 체험의 매개가 될 수 있음을 아이들과 부모들도 느낄 수 있기를 우리는 진심으로 바랐다.

그래서 첫 특강 주제를 무엇으로 할까에 대해 한참 고민을 했다. 마침내 강연 두 개를 골랐다. 첫 번째는 극지방 해변의 서핑 사진작가, 두 번째는 사과에 사람의 DNA를 이식하는 젊은 과학자의 이야기였다. 변호사, 의사, 교수, 기업가 등 내로라하는 전문가들이 등장하는 TED 강연도 많았다. 아이들이, 특히 많은 부모님들이 '선망'하는 직업에서 발군의 실력을 발휘하는 강연자가 아니라, 별난 강연자를 선별한 이유가 있었다. 세상은 다양한 사람들이 다양한 꿈을 꾸며 나름대로 뿌듯한 성취감을 만끽하며 살아간다는 점을 아이들과 공유하고 싶어서였다. 하와이 해변의 사진작가가 아니라 영하 20도를 넘나드는 북극 해변에서 고통 극복의 메시지를 전하는 사진작가, 인간 DNA를 사과에 심어 종국에는 획기적인 장기 복구 기술을 실현하고 그 기법을 대중과 공유하겠다는 포부를 지닌 과학자라면 충분히 설득력이 있었기 때문이었다.

특강 일주일 전에 TED 강연 동영상과 25쪽 분량의 학습 자료를 받아 미리 봤기 때문에 대부분의 내용을 알고는 있었지만, 아이들은 정작 생각을 말할 때가 되니 멋쩍은 표정에 쉽게 입이 열리지 않았던 모양이다. 원어민 영어 학원 등을 다니며 상당한 실력으로 무장한 학생들조차도 짐짓 잘 모르는 척 짤막하게 말을 했다.

활력이 필요했다. 냉기를 깨고 화기애애한 분위기를 만들기 위해, 특강을 담당한 연구원이 갖은 호들갑을 떨며 주책없이 굴었다. 예상대로 아이들이 마음을 열고 살갑게 반응하면서 좀 더 다양하게 생각을 표현하기 시작했다. 수업의 70% 이상을 영어로 진행하다 보니 힘들었을 테지만, 아이들은 집중력을 끝까지 유지했다. 용기를 북돋아 주려고 아주 짤막한 표현에도 많은 칭찬을 해 줬다. 올망졸망 모여 앉은 아이들의 눈빛에는 "내가 영어는 솔직히 자신은 없어. 그래도 해 보는 거야!"라는 의지가 역력했다.

아이들이 가장 공을 들였던 부분은 PPT 작성이었다. 부모님들 앞에서 발표하기로 한 주제가 따로 있었다. 그것은 "정부가 15년 동안 1년에 3천만 원의 진로 개척 비용을 지원해 주고, 부모님은 절대로 간섭할 수 없다는 것이 법이라면, 15년간 무엇을 어떻게 해서 미래를 만들어 갈 것인지 계획을 말하라"였다. 시작부터 어떤 아이들은 발을 동동 굴렀다. 부모님께 언강생심 말을 못했던 꿈의 직업이 있고 할 말도 많은데 정작 영어로 작성해야 하니 답답했던 것이다. 발표 시간이 금세 다가왔기 때문이었을까? 연구원들이 아무리 달래도 한사코 한숨만 푹푹 쉬는 학생들도 여럿이었다. 그래도 우리는 포기하지 않았다. 우리는 "문장 전체가 완벽할 필요는 없다. 솔직한 의사 표현이 중요하니 핵심 내용 위주로 만들자"라는 격려와 함께 학생들 옆에 바투 앉아 중요 문장을 서로 다듬었다.

평소에 심리적으로 자신감이 결여돼 있던 학생들도 "맞아요! 그거예요!"라며, 점차 틀을 갖춰 가는 자신의 영어 문장에 흡족한 표정을 지었다. 주현이는 긴장으로 입이 탔는지 연신 물을 마셨고, 연우는 "더 도와 달라"며 계속 불러 연구원들이 여러 번 부리나케 달려갔다. 촌각을 다투며 우리는 정말 땀으로 PPT를 완성했다고 해도 과언이 아니었다.

이윽고 TED 특강 PPT 발표회가 시작됐다. 학생들은 물론이고, 학부모님들과 연구원들까지 모여 세미나실이 입추의 여지도 없었다. 초등학교가 지나고 나면 부모님들은 아이들의 발표 모습을 보기가 여간 어려운 것이 아닌데, 이날 부모님들도 내심 많은 걱정과 기대를 안고 자리를 함께 했다. 이윽고 한 명씩 나와 스크린에 커다랗게 비친 자신의 PPT를 바탕으로 발표를 시작했다. 어땠을까? 50명에 가까운 청중들 앞에서 덩그러니 혼자 서서 영어로 발표를 해야 하는데. 그것도 차마 부모님께 떳떳이 밝히지 못해 폐부 깊숙이 숨겨 왔던 자신의 꿈을 말해야 하는 학생들도 있었는데.

모든 것은 기우였다. 비록 가끔 더듬고 머뭇거리기도 했지만 의외로 당당했다. 보현이는 "Dog Library개 도서관"를 운영하는 경영자가 돼 개와 놀고 책도 읽을 수 있는 신개념 여가 공간을 만들겠다고 했다. 그 목표를 위해 우선 수의학과에 진학하겠다고 했다. 서현이는 세계를 옷으로 주름 잡는 최고의 패션 디자이너가 되겠다고 했다. 또 지민이는 스포츠 중계 아나운서가 꿈의 직업이라고 했다. 스페인 축구 리그 아나운서 흉내까지 내고 온갖 너스레를 떨며 좌중을 압도하는 것을 보니 영락없이 미래 방송계를 거머쥘 재목이었다. 예슬이는 초등학교 선생님이 꿈이라며, 최고의 대학에서 공부를 할 것이고 선생님이 되기 전에 고아원 자원 봉사 등을 통해 더 많은 어린이들과 접해 보고 싶다고 했다.

부모님들은 우레 같은 박수를 쳤고, "내 딸 장하다!" "우리 아들 최고!"라며 환호성을 내보내기도 했다. 또 부모님들의 소감 발표 시간 때는 "여태껏 몰랐던 속마음을 알게 돼 너무 좋다" "그 꿈이 이뤄지도록 끝까지 돕겠다" 등의 반응이 이어졌다. 또 초등학교 선생님이 되겠다는 예슬이 어머니는 "내가 잘 챙겨 주지도 못했는데 스스로 꿈에 도전하고 있는 딸이 자랑스럽다"며 그만 눈물을 보이고 말았다.

아이들은 자신들이 무엇인가를 이뤘다는 뿌듯한 마음, 부모님께 괜스레 죄송하다는 생각 등 만감이 교차되는 듯 보였다. 하지만 서로의 흉중이 한데 만나 멋진 화이팅을 하는 그런 순간이었다. 비록 허무맹랑하기도 하고 뜬금없게 비춰질 수도 있었겠지만, 그동안 감춰 뒀던 작은 꿈이 더 커다란 세계로 속살을 슬며시 내비쳤던 순간이었다. 서로 나누고 공감하고 격려해 줄 수 있는 마음들이 더 크게 모인다면, 아이들의 더 많은 꿈들이 더 과감하게 모습을 드러낼 것 같았다. 아이들은 이처럼 한 차원 더 훌쩍 크고 있었다. 아이를 감싸고 있는 현실의 껍질은 아직 두껍지만, 우리는 이런 기회를 통해 아이들이 좀 더 바지런히 깨어날 수 있도록 알을 살짝 더 때려 주고 있었다.

우리는 그날 느꼈다. 자유학기제 속에는 눈물이 담길 수 있고, 사랑이 깃들 수도 있으며, 뿌듯함이 스며들 수도 있다는 사실을 다 함께 확인했다. 자유학기제는 실천 의지만 있다면, 커다란 감동의 드라마가 펼쳐지는 생생한 체험 현장으로 탈바꿈될 수 있다는 것은 분명했다.

모두가 함께 뛰었던
뜻 깊은 시간

▶ TED 캠프에서 기대하지 않았던 일들이 일어났다. 아침 일찍부터 7시간 가까이 캠프 프로그램을 이어가면서, 스마트폰을 만지작거리며 '자기만의 유희'에 빠져든 친구들이 단 한 명도 없었다. 아이들은 중간 중간 쉬는 시간이면 서로 모여 도란도란 이야기를 나눴고, 세미나실 한 켠에 놓인 간식을 서로 나눠 주며 마치 막역한 사이처럼 주변을 먼저 챙겼다. PPT를 만들어야 하고 부모님들 앞에서 발표까지 해야 하니 심적 부담감이 은연 중에 컸을 텐데, 주전부리라도 하며 서로를 다독거리고 응원해 줄 필요성을 느꼈는지도 모른다.

한데 두 눈이 번쩍 뜨일 만큼 더 놀라운 광경이 한쪽에서 펼쳐지고 있었다. 점심을 먹고 30여 분 정도 휴식 시간을 줬는데, 마치 서로 미리 약속이라도 한 것처럼 모두들 운동장으로 옹기

종기 모여들었다. 그러더니 운동장 옆 나무 그루터기에서 줄다리기 줄을 끌고 왔고, 남학생 여학생 비율을 적절히 맞춰 서로 편을 가르기 시작했다. 한데 성비性比와 양쪽 인원수가 맞지 않아 왁자지껄 갑론을박을 벌이더니, 결국 몇몇이 달려와 연구원들의 손목을 잡고 대열로 끌고 갔다. 손사래를 쳤지만 "미니 운동회를 만들었는데 인원 구성이 맞지 않아 꼭 참여해야 한다"며 다짜고짜 떼를 써서, 연구원들은 못 이기는 척 줄다리기에 합류했다.

'영차! 영차!' 모두들 올망졸망 모여 한바탕 접전을 펼쳤다. 이리 끌려갔다가 저리 끌려갔다가 줄은 마치 뱀처럼 요란하게 춤을 췄다. 목청이 터져라 소리를 지르고, 줄 끝에서 땅바닥으로 내동댕이쳐진 친구들을 보며 배꼽이 빠지도록 박장대소를 치면서 그야말로 아수라장이었다. 연이어 세 번의 줄다리기로 지칠 대로 지쳤을 법한데, 이번에는 축구 골대를 돌아오는 릴레이 달리기를 한다고 벌써 출발 순번까지 정해 놓았다. 들숨 날숨이 모두 힘겨워 얼굴이 창백해질 대로 창백해진 우리 연구원들의 하소연도 소용이 없었다.

그래서 모두 다 달려야 했다. 움직이지 않는 다리를 비치적거리며, 달리는 것인지 기어가는 것인지도 모를 연구원들을 뒤에서 아이들이 연신 밀어 줬다. 아이들과 선생님들과 부모들이 삶의 여정에서도 그렇게 신나게 함께 달리면 얼마나 좋을까? 누군가 힘들어 할 때 함께 끌어주고 밀어주고 다 함께 나아가면 얼마나 좋을까?

이런 풍경은 정말 생각하지 못한 일이었다. 같은 학교 친구도 아니고, 체험 프로그램 참가를 위해 한 달에 한 번씩 모여 하루를 보내며 눈인사 정도만 했던 아이들이었다. 여전히 서먹서먹한 관계였다. 하지만 학교와 다른 점이 있었다. 학교는 경쟁, 시험, 왕따, 폭력과 같은 살풍경한 모습이 펼쳐질 가능성이 다분히 있는 반면, 비록 짧지만 우리의 만남은 배려, 경청, 칭찬, 격려가 스며든 따스한 시간이라는 점이었다. 자그마한 희망에 커다란 성원을 보내고, 커다란 실수를 자그마한 미소로 껴안아 주는 그런 만남이었던 것이다.

서울에서 한참 떨어진 지방에서 거의 매번 체험학습에 참여하는 Y학생이 있었다. 내성적인 성향이 강하고 친화력이 부족해 학교에서 친구를 사귀는 것도 힘들어 했다. 설상가상으로, 학교에서 왕따를 당해 자존감은 바닥을 쳤고 엄마는 속이 타들어 가고 있었다. 학교 선생님들의 노력도 속수무책이었다. 결국 학교에 가는 것 자체를 거부해 부모와 옥신각신 얼굴을 붉히는 경우가 많았다. 학교생활에서 희망을 찾지 못하다 보니 공부가 손에 잡힐 리가 없었다. 집에서는 "꿈이 사라졌다" 또는 "다 포기했다" 등의 말을 서슴지 않아 부모의 간담이 내려앉은 때도 여러 번이었다. 하지만, 우리 연구원의 끈질긴 설득으로 체험학습에 '마지못해' 참여하게 됐다.

하지만, 우리가 학교와 달라도 너무 다르다는 것을 Y학생이 알아차리는 데에는 그렇게 시간이 오래 걸리지 않았다. 속속들이 사정을 다 알고 있었던 연구원들은 그 학생을 다른 학생과 똑같이 대했다. 똑같은 발언 시간, 똑같은 선택 기회 등 모든 아이들과 전혀 차이가 없이 대했다. 대신 무엇인가를 시도했다면 좀 더 세세하게 도움의 손길을 건넸다. 특히 글을 쓰고 발표를 했을 땐, 비록 부족한 면이 있더라도 긍정적인 면을 찾아 가급적 많은 칭찬을 해 줬다.

무엇보다도, 다른 아이들이 자신을 똑같은 구성원으로 대했던 것에 Y학생은 천천히 마음이 움직였다. 그리고 체험학습에서 자신의 참모습을 확인하고 자존감을 되찾을 수 있는 시도에 최선을 다하는 모습이 역력했다. Y학생 어머니는 "체험학습 당일 꼭두새벽에 일어나 준비를 하는 것을 보고 깜짝 놀랐다"며 진심에서 우러나는 고마운 마음을 우리에게 전했다.

체험도 좋고 발표도 좋고 비전을 찾는 것도 좋다. 하지만, 서로를 배려하고 소중히 여기는 마음가짐이 결여된 채 의욕을 펼치고 꿈을 키우기만 하면 어떻게 될까? 여리고 상처 받고 괴로워하는 아이들이 싫어도 있어야 할 공간은 학교다. 이론적으로 학교는 전인교육을 목표로 운영되고 있지만, 많은 아이들은 학교에서 오히려 더 큰 아픔을 겪는다. 정작 서로 챙겨 줘야 하는 또래 아이들조차도 "원래 저런 아이들은 혼자 놀거나 끼리끼리 어울려서 다닌다"며 가혹한 냉소를 보낸다. 학원에서 아이들은 더 작아진다. 승자독식이요 약육강식의 논리가 더 매몰차게 와 닿는 공간이기 때문이다. 가정에서도 갈등과 오해와 고립의 악순환이 반복될 수도 있다.

그럼 이 아이들과 누가 함께 해 줄 수 있을까? 학교 울타리 안팎에서 아이가 위축돼 있고 소외를 당하면서 자존감에 큰 상처를 입고 있다면, 누가 그 아픔을 다독이고 응원을 해 줄 수 있을까? 그것은 바로 더 나은 삶을 염원하면서 항상 깨어 있고자 노력하는 사람들이다. 상처 받는 아이들에게 세상은 험하고 거칠고 차가운 공간만은 아니라는 사실을 일깨워 줄 수 있는 주체는 바로 그런 사람들이다. 친척일 수도 있고, 이웃일 수도 있고, 생면부지의 낯선 사람일 수도 있다. 자유학기제는 그런 사람들을 만날 수 있는 정감 넘치는 기회가 될 수 있다. 따스함을 주고 받을 수 있는 사람 냄새 가득한 그런 시간이 될 수 있다.

TED로 꿈이 활짝,
영어 실력도 쑥쑥

만약 누군가 꿈과 비전을 키우고 영어 실력도 향상시킬 수 있는 가장 최고의 수단이 무엇인지 묻는다면, 우리는 단박에 "TED를 봐라!"라고 말하겠다. TED는 세계 최고 수준의 전문가들의 강연 프로그램이다. 의학, 공학, 인문, 예술, 탐험, 봉사 등 다양한 분야에서 두각을 나타내는 강연자들이 최신 트렌드, 관련 분야의 주요 정보, 역경 극복의 노하우, 독특한 아이디어와 비전 등을 전한다. 강연자들 중에는 각자의 전문 분야에서 수백만 부의 판매를 자랑하는 베스트셀러의 저자인 경우도 상당수이므로, 생생한 영상을 통해 유명 저자들의 주옥같은 강연들을 접할 수 있는 것도 빼놓을 수 없는 매력이다.

TED는 홈페이지https://www.ted.com와 앱에서 과거의 모든 TED 강연뿐만이 아니라 최신 강연까지 수시로 업데이트해 무료로 제공하고 있다. 강연은 주제별로 항목 분류가 돼 있기 때문에, 리스트에서 관심 영역을 따로 골라 시청하는 재미도 쏠쏠하다. TED 강연은 보통

10분 안팎이므로, 시청 시간 면에서도 부담이 없다. 또한, 모든 강연은 영어 자막 서비스가 기본으로 제공된다. 한글 자막도 계속 업데이트되고 있으므로, 가장 최신 강연이 아니라면 상당수 강연에서 한글 자막 서비스를 받아 볼 수 있다. 강연 대본은 따로 텍스트로 올려 주기 때문에, 상황에 따라 복사를 해서 독해연습 자료로 써도 좋다. 따라서 중학생들도 얼마든지 TED를 이해할 수 있고, 영어 학습 자료로 충분히 활용할 수 있다.

TED를 구체적으로 설명하기 전에 우리 영어의 현실을 한 번 짚고 넘어갈 필요가 있다. 우리나라 영어 교육은 한마디로 죽은 영어다. 그나마 초등학교 저학년까지는 괜찮다. 회화도 하고 노래도 부르고 연극도 하면서 살아 있는 영어를 접할 수 있기 때문이다. 하지만 5~6학년이 되면 상황이 달라진다. 문법에 무게가 실리기 시작하면서부터 아이들의 영어에 대한 흥미도가 급격히 떨어진다. 중학교부터의 영어는 그야말로 지옥의 관문에 들어왔다고 해도 과언이 아닐 정도다. 문법이 아이들을 더욱 짓누르기 시작하고, 내신 고득점을 위해 영혼 없는 평가문제집을 여러 권 풀어야 한다. 설상가상으로, 고등학교 선행을 위해 고교 어휘 암기와 모의고사 기출문제 풀이도 병행해야 한다.

고등학교 영어는 더욱 가관이다. 문법의 부담은 그대로 유지되면서, 내신 고득점을 위해 EBS 등 주요 독해 교재를 기계처럼 외워야 하고,

선행을 위해 기출 문제 등을 계속 풀어야 한다. 그것으로 끝일까? 대학 진학 후에는 입사 준비 등을 위해 토익TOEIC에 매달려야 한다. 듣기가 있기는 하지만 역시 문법, 어휘, 독해의 질곡을 벗어날 수 없다. 그것으로 끝나면 다행이다. 졸업을 앞두고서는 상당수의 대학생들이 공무원 시험 영어 책들에 손을 대기 시작한다. 온갖 난해한 어휘, 문법, 독해로 가득한 두껍고 답답한 영어 수험서 페이지를 인고의 정신으로 넘겨야 한다. 따지고 보면 10살 즈음부터 30살 안팎의 나이까지 거의 20년 가까이 죽은 영어를 계속 파고 들어야 하는 것이다.

결과는 어떨까? 영어권 국가 생활 경험이 있거나 표현 영어에 관심이 있는 극소수를 제외하고는 거의 대부분이 말도 제대로 못한다. 두 줄 넘게 영어로 문장을 이어 쓸 수 있는 경우도 드물다. 미래 전문가들의 전망은 이렇다. 앞으로 우리 아이들은 국경이 그저 명목적인 상징에 불과할 시대에 살아갈 것이라고 보고 있다. 능력이 있으면 세계 어디에서도 활동할 수 있다는 것이다. 실제로 세계의 많은 기업들은 능력만 있다면 그 누구든 받아들이고 있다. 한데 간과하지 말아야 할 점이 한 가지 있다. 영어 소통 능력이 가장 기본 조건이라는 엄연한 현실이다. 우리 인재들이 그 점에서 너무 약하기 때문에, 비슷한 조건에서 영어 소통에 문제가 거의 없는 인도나 이스라엘 등의 인재들에게 많은 영역에서 어깨를 견주지 못하고 있다. 최근 조사에 따르면, 미래 혁신의 상징인 미국 샌프란시스코 실리콘밸리에서 한국 인재를 찾아보기가 힘들다고 한다. 어렸을 때부터 수십 수백만의 소위 '한국형 인재'들이 수학, 과학, 영어를 선행하는 교육 강국의 위상은 어디로 간 것인지 궁금할 따름이다.

그렇다면, 이런 현실 앞에서 우리 아이들에게 TED는 어떤 의미를 지니고 있을까? 단도직입적으로 답한다면 바로 이것이다. 살아 있는 영어, 살아 있는 지식과 정보, 살아 있는 세계, 살아 있는 꿈을 발견할 수 있는 더없이 유용한 수단이 바로 TED다. 한데 많은 사람들의 시각에서 보면, TED를 활용하는 데 부담이 있는 듯 보인다. 한국어 자막 활용이 가능하긴 하지만, 대부분이 영어로 진행된다는 점 때문이다.

우선, TED를 활용할 수 있는 영어 수준을 가늠해 보겠다. TED를 영어 자막 없이 상당 부분을 이해하기 위해서는 토익 950점 또는 토플 110점 정도의 수준, 즉 어떤 시험에서도 90% 이상 점수를 획득할 수 있는 상당한 영어 실력을 바탕으로, 충분한 독서 등을 통해 여러 분야에서 다양한 지식을 갖춰야 한다. 만약 자막 없이 80% 정도를 듣고 이해하고자 한다면, 이 역시 상당한 수준의 영어 능력 및 지식의 틀로 무장하고 있어야 한다. 이런 조건이 충족된다면, 세계 최고의 전문가들이 전하는 최고의 강연을 보고 들으면서 최고의 동기 부여 효과를 거둘 수 있다.

한데, 앞서서 언급했듯이 우리 아이들 중에 이런 수준에 도달한 경우는 극히 드물다. 그렇다면 지레 겁을 먹고 TED를 저 멀리 둔 채로 숫제 뒤로 물러나야 할까? 아니다. 영어를 공부로 알고 접근한다면 등을 돌려 돌아서는 것이 상책이다. 하지만, 그렇게 하지 말자는 이야기기를 하고 싶다. 만약 영어를 어렸을 때부터 원어민 학원 등에 보냈고 적절하게 소통 능력이 있을 땐, 영어 자막을 참고하거나 자막 없이도 시청해 보는 것을 추천한다. 그래도 이해를 하기에는 역부족일 수 있다. 전문 용어가 등장하고, 시사 및 기본 상식 등의 제반 지식이 필요한 경우도 많아서다.

만약 한국식 영어 학습에 대부분의 시간을 보내 실용 영어의 바탕이 깔려 있지 않은 경우는 접근법을 달리 해야 한다. 우선 한글 자막으로 보게 하는 것이다. 이런 방법을 추천하면 일부 학부모들은 "영어에 접근하기 위한 노력을 해야 하는 과정에서 한글 자막을 보면 무슨 소용이냐"라고 묻는다. 만약 영어 회화만을 연습하고자 한다면 이런 방법은 금물이다. 하지만 영어 수준이 적정 단계에 도달하지 못한 상황에서 TED에 접근하고자 할 땐 이야기가 달라진다. 영어 실력을 토대로 정도正道로 접근하는 '옵션 A'가 아니라, 다른 길로 우회해 접근하는 '옵션 B'를 택하자는 것이다. 이유는 이렇다.

TED는 아이들에게 독특함, 흥미, 비전, 동기 부여 등을 위한 매개로 활용하는 것을 1차 목표로 둬야 한다. 따라서 강연자가 무슨 말을 하는지를 아는 것이 우선이다. 이를 위해 자막 효과를 먼저 살펴보고 넘어갈 필요가 있다. 외국어 학습자들 중에는 영상 아래에 깔리는 자막을 보면서 듣기 연습을 하는 경우가 많다. 한데, 문제가 있다. 사람의 인식 능력은 여러 감각이 혼재돼 함께 연동하는 것이 잘 되지 않는다는 것이다. 영상의 소리청각가 자막시각과 바로 매치가 되므로, 읽으면서 들을 수 있어 효과적인 외국어 학습이 가능하다고 볼 순 있다. 하지만, 이는 착각이다. 거의 대부분은 자막을 이해하는 쪽에 감각이 흘러간다. 그러다 보니 자막을 활용한 외국어 듣기 연습에 시간을 투자는 하지만, 정작 듣기 실력이 생각만큼 늘지 않는 이유가 바로 그것이다.

그렇기 때문에, 아예 자막 없는 듣기를 궁극적인 목표로 해야 한다. 시간이 걸리더라도 말이다. 영어 수준이 자신 없는 경우 그렇게 할 수 있는 가장 빠른 방법은 다음과 같다. 첫째, TED 영상을 한글 자막으로 보면서 내용을 이해하고 주제에 흥미를 갖는다. 둘째, 해당 강연의 영어 대본자막 텍스트를 TED 홈페이지에서 복사해 문서 출력을 해 둔다. 마치 독해 연습을 하듯 모르는 어휘를 발음과 함께 체크하고, 해석이 어려운 부분은 한글 자막을 대조하면서 맥락을 살핀다. 어법상 개념 접근이 힘든 부분이 있다면, 그냥 과감히 넘어간다. 대신 적절한 반복 후 여력이 되면 소리 내어 읽는 연습을 병행하면 좋다. 셋째,

TED 강연 영상을 영어 자막으로 도전한다. 처음부터 욕심을 내지 말고 발음과 억양 등 음성에 더 관심을 두면서 접근한다. 되도록 따라서 발음하는 시도를 많이 해 본다. 넷째, 자막 없이 강연 영상에 도전을 한다. 잘 들리지 않고 이해가 안 되는 부분은, 대본 문서를 참고해 재차 체크한다.

얼핏 보면 이런 과정은 굉장한 노력과 인내가 필요한 것처럼 비춰질 수 있다. 하지만, 큰 욕심을 부리지 않고 따라 한다면, 놀라울 정도로 큰 효과를 볼 수 있다. 사람의 인지 능력은 참 이상할 때가 있다. 처음엔 어법 개념상 구조가 파악되기 힘들어 그냥 넘어간 부분이 나중에 반복하다 보면 어느 순간 자연스럽게 이해되는 경우가 많기 때문이다. 또한 TED 강연을 꾸준히 듣고 속으로라도 흥얼거린다면, 영어 발음과 억양의 흐름이 자연스럽게 감각에 스며든다. TED 의 가장 실용적인 장점은 강연이 마치 대화를 하듯 자연스럽고 부드럽게 전개되므로, 일상 회화 연습 차원에서도 손색이 없다는 것이다. 대학 강연처럼 딱딱한 분위기로 진행될 때도 중간 중간에 농담과 익살이 가미되는 형태로 짜여 있으므로, 영어 학습 차원에서 봤을 때 발표 · 토론뿐만이 아니라 재치 있는 표현 실력을 기르는 일석이조의 효과를 거둘 수 있다.

이런 접근을 회의적인 시각으로 보면서 반박 논리를 펼 수도 있을 것이다. 소위 시중에서 판매되는 '○○○ 왕초보 영어' 등의 타이틀을 갖고 있는 기초 영어회화에 익숙해져야 난이도가 높은 영어 듣기 및 표현이 가능하다는 주장이다. 일리는 있다. 한데 기초회화 교재의 대부분은 패턴화된 표현들을 숙달하도록 구성돼 있다. 문제는, 인간의 대화는 패턴화돼 있지도 않고, 패턴으로 어학을 학습하면 중도에 흥미를 잃을 가능성도 다분하다는 점이다. 한마디로 재미가 없다. 또한, 아이들의 대부분이 기초적인 영어 수준을 지니고 있으므로, 아예 좀 더 눈을 높여 정말로 현실적으로 사용되는, 패턴에 얽매이지 않는, 흥미를 유발할 수 있는 영어로 들어가자는 것이다. 그런 면에서 TED가 적격이라는 말을 하고 싶다.

TED가 좋다면 그냥 아무 것이나 클릭해 보고 듣기만 하면 되는 것일까? 아니다. TED 강연 선택에서 유념할 사항이 있다. 첫째, 발음과 억양 관점에서 봤을 때, 강연자들의 국적이 다양하므로 되도록이면 영어를 모국어로 쓰는 강연자가 출연하는 TED를 고르는 것이 좋다. 특히, 강연자가 미국, 캐나다, 영국, 호주, 뉴질랜드와 같은 국가 출신일 때 좀 더 익숙한 느낌으로 학습의 효율성을 극대화시킬 수 있다. 둘째, 아이들이 자율적으로 TED 강연을 선택하는 것도 좋지만, 시각 효과 등 너무 지나치게 재미 위주로 고르는 빈도가 높다면, 선생님이나 부모 등이 적절한 개입을 통해 양질의 강연을 접하도록 유도해 주는 것이 좋다. 특히, 학교 교과 과정이나 주요한 사회 이슈 등과 연계될 수 있는 환경, 인권, 복지 등의 주제를 추천해 주는 것도 필요하다. 따라서 TED의 효과를 극대화하기 위해서는 외부의 도움과 적절한 개입이 중요하다.

둘째, 그룹 활동 차원에서 보면, 더욱 다채로운 방향으로 활용의 묘를 살릴 수 있다. 특히, 영어만을 고집해 모든 표현을 영어로 해야 한다는 틀을 벗어난다면, 주변의 모든 아이들에게로 활동의 폭이 넓어지는 것은 당연하다. 우선 TED의 특정 주제를 바탕으로 그룹 토론, 발표, 글쓰기 프로그램을 진행하는 것이 가장 대표적인 활동의 예다. 만약 TED 전문가가 주제 면에서 서로 연계되는 TED 강연들을 한데 엮어 시청을 유도하고 생각의 역동성을 효과적으로 자극해 준다면, 토론 등과 같은 그룹 활동은 더욱 활발한 분위기에서 이뤄진다.

만약 입시 면접을 준비해야 한다면, 다각도의 질문과 답변을 이어가는 연습 차원에서 TED가 가장 효과적인 활용 수단이라는 점도 말하고 싶다. 실제로, 최근 카이스트KAIST와 민족사관고등학교 입학 영어 면접 시험에서 합격한 학생들은 TED를 통해 여러 관점에서 다양한 표현력을 길렀던 것이 자신감 형성에 큰 보탬이 됐다고 말했다. 특정 주제에 대한 더 깊이 있는 접근을 하고자 한다면, 특정 TED 강연 주제와 부합되는 독서 연계 활동도 추천한다.

그렇다면, 아이들에게 TED를 통한 이런 과정에 도움을 주기 위해 반드시 전문가가 필요한 것일 까? 물론 그런 환경이 형성될 수 있다면 좋지만, 만약 여의치 않을 때는 어떻게 해야 할까? TED 전문가가 없다면 그 대안은 바로 부모다. 부모들도 TED를 시청해야 하는 이유가 있다. 우물 안 개구리 식으로 갇혀 있는 입시와 진로의 틀에서 잠시라도 탈피해, 정작 현실은 어떻게 변화하고 있고 우리 아이들을 위해 과연 어떤 준비와 고민을 해야 하는지에 대한 차원 높은 접근을 TED가 거들어 줄 수 있기 때문이다.

부모들이 일주일에 한 편만이라도 TED를 시청한다면 세상이 어떻게 돌아가고 있고, 앞으로 유망한 직업은 무엇이며, 성공과 행복을 위해 필요한 요소는 도대체 무엇인지 등에 대해 무수한 지식과 정보를 습득할 수 있다. 그렇게 TED에 대한 노하우를 축적한다면, 부모들이 직접 아이들에게 양질의 강연을 추천하는 것도 어렵지 않다. 만약, TED를 가족이 함께 보고 간이 토론회를 열 수 있다면 금상첨화일 것이다.

다시 말하지만, 이런 모든 TED 연계 활동은 영어로 진행돼도 좋고 우리말로 진행돼도 좋다. 언어는 수단일 뿐이다. 얼마나 의미 있는 가치를 창출하고 얼마나 긍정적인 자극을 받는지가 더 중요한 요소이기 때문이다. 만약 TED를 통해 꿈이 커가면서 세상과 호흡하고 싶은 열망이 샘솟을 때, 자연스럽게 영어에 대한 욕심이 생길 것이다. 그렇게 된다면, 아이들 스스로가 영어를 습득하고 싶어 자발적인 노력을 기울일 것이다.

우리가 TED 활용에 상당한 역점을 두는 이유가 바로 그것이다. TED야말로 삶의 역동적인 변화를 이끌어 줄 수 있는 든든한 동반자가 분명히 될 수 있다. 그 동반자로부터 최대한 많은 도움을 받아 보는 것은 어떨까? 지금 당장 TED 사이트와 앱을 클릭해 보면 어떨까? 자유학기제 기간 동안 학원의 영어 선행에만 끌려 다니는 것이 아니라, 아이들이 영어에 대한 호기심을 더 능동적으로 키우고 세상을 더 큰 시각으로 바라볼 수 있도록 해 주자. TED로 두 마리 토끼를 잡는 것은 생각보다 어렵지 않다. 영어에 본격적으로 눈을 뜨기 시작하는 중학교 1학년 자유학기제부터 작게라도 한 번 시도해 보자. TED는 자유학기제를 도와 줄 든든한 보조 교사다.

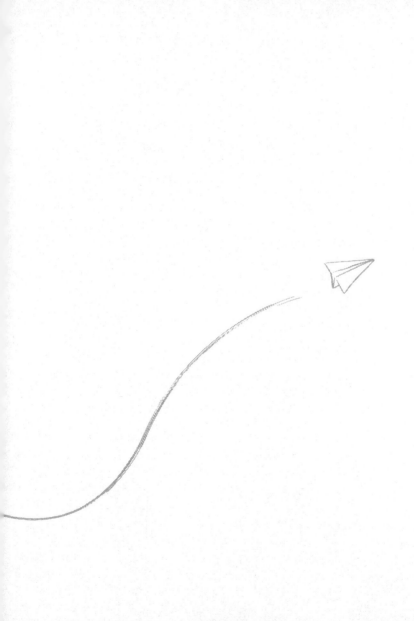

part 4.

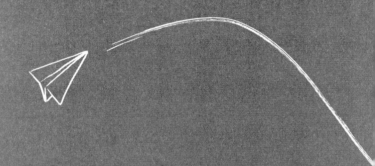

현실과 더 가깝게
마주치자

마껏 상상하고,
실컷 체험하고

진학 · 취업 · 창업, 곧 다가올 미래

▶ 아이들은 쑥쑥 크고 있었다. 여러 직업을 탐색하면서 차근차근 눈을 뜨고 있던 아이들에게 우리는 대학 학과와의 연결 루트를 보여 주고 싶었다. 그리고 삶이라는 여정이 반드시 직장을 얻는 것만은 아니라는 사실을 보여 주고 싶었다. 그래서 2017년 4월과 5월에 학과 계열 및 진로 포럼 프로그램을 마련했다. 우리와 뜻을 함께 한 대학생 멘토들, 그리고 우리 연구원들 중 한 명인 창업 및 기업강연 전문가가 기꺼이 팔을 걷어붙이고 행사에 동행했다.

아이들에게 학교생활의 고민을 다독여 주고 좀 더 현실적인 조언을 건네는 데에 대학생들은 없어서는 안 될 존재임이 분명했다. 대학생들이라면 현실이 녹록하지 않다는 사실을 뼈저리게 느끼고 있기 때문에, 허황된 희망을 아이들에게 심어 줄 리는 만무했다. 20년 전쯤이라면 "참고 열심히 해서 원하는 대학에 들어가. 남들이 우러러 보고 취직도 잘 되고 인생의 행복이 쫙 펼쳐지게 될 텐데 안 오고 못 배기겠지?"라고 해도 괜찮았다. 하지만 지금의 상황은 살벌하기 그지없다. 청년 실업률은 가파르게 상승하면서 좀처럼 꺾이지 않고 있다. 그렇다고 우리는 "순진한 아이들에게 더 험난한 세상이 앞에 기다릴 것이라는 등의 말은 삼가 달라"는 부탁을 멘토들에게 하지 않았다. 있는 그대로 보여 줄 필요도 있었기 때문이었다.

그래서 체험 프로그램에서 법학을 전공하는 한 대학생 멘토는 "나는 지금도 삶의 해답을 풀기 위한 실마리를 찾지 못하고 있다"며 "간절히 바라는 것이 무엇인지 모르고 우두커니 서 있는 것처럼 느껴질 때가 많다"고 솔직히 실토했다. 아이들은 이 말의 의미를 제대로 헤아리지 못하는 것 같았다. 아이들은 아마 그런 번민을 일종의 사치로 여길 것이다.

아이들에게 그것은 '비현실적인 고민'이기 때문이다. 학원에서 무섭게 밀어붙이는 선행학습에 대한 고민, 허구한 날 비교를 당하면서 자꾸 작아지는 스스로에 대한 고민, 바로 이런 것들이 아이들에게 '현실적인 고민'이다. 주객이 전도 돼 정작 삶에서 중요한 더 큰 고민이 뒤로 밀리고 만 것이다. 아직 어려서일 수도 있겠지만, 정말 필요한 고민을 하도록 여유를 주지 않는 사회와 가정도 책임이 크다고 해도 무리가 아니다.

학과 계열과 진로 선택에 대해 허심탄회한 대화 시간에 우리 연구원 중 한 명은 삶에 대해 이렇게 소회를 했다.

"저도 마찬가지였어요. 돌이켜 보면 제 삶의 가치를 제대로 찾지 못한 채 덥석 마음이 가는 대로 학과를 선택했습니다. 고3 때였습니다. 대학과 학과를 최종 결정하던 시간이 다가왔습니다. 담임선생님께서는 "여자는 교사가 최고"라며 교대를 권하셨어요. 독재자로 불리던 담임선생님에 대해 잔뜩 반항심이 생겨 저는 마치 코흘리개 아이처럼 도리질을 쳤습니다.

솔직히 그 순간까지 제 진로에 대해 진지한 고민을 해 본 적이 없었습니다. 어떤 성적이 나올 수 있고 거기에 맞춰 어떤 대학과 학과를 선택해야 하는지에 대한 생각이 전부였으니까요. 하지만 능력을 발휘해 좋은 직장을 얻어 돈도 많이 벌어 보고 싶다는 생각에, 결국 담임선생님의 말씀을 저버리고 상경계열을 선택했습니다.

그때 만약 선생님께서 저에게 "여자이기 때문이 아니라 네가 교사로서의 역량을 충분히 발휘할 것 같으니 교대를 지원해라"며 제 소중한 가치를 염두에 둔 조언을 하셨더라면 제 삶의 행로가 달라졌을 것입니다. 제 성별을 운운한 조언이 아니라 말이죠.

여러분은 아직 삶의 이모저모를 모두 헤아릴 수 있는 나이가 아닙니다. 아직 어리니까요. 하지만 그렇다고 마냥 남들이 시키는 대로 그냥 수동적으로 살아가거나, 막무가내로 고집을 부려서도 곤란합니다. 자신의 정체성에 대해 더 많이 고민하고, 삶의 선배로부터 더 많은 조언을 듣고, 진정으로 자신이 원하는 것을 찾으면 좋겠습니다."

직업에 대한 인식이 과거와는 많이 변했다. 과거의 지혜가 지금 시대에 적용될 수 있는 것도 아니다. 평생직장이라는 논리는 이미 사라진 지 오래다. 그렇다고 해서 연봉이나 직책만을 염두에 두고 메뚜기처럼 이 직장 저 직장을 폴짝폴짝 뛰어 옮기는 것이 상책이라는 뜻은 아니다. 세상이 급변하고 있는 상황에서 우리는 아이들에게 직업을 자주 전환해야 하는 시대가 올 수도 있다는 점을 말해 주고 싶었다. 특히, 변화무쌍한 시대에서 그냥 휩쓸려 살아가야 하는 것이 아니라, 자신만의 꿈과 역량을 키운다면 특정 상황에서의 사회적 수요와 어느 순간 한데 결합돼 예상치 못한 새로운 비전이 생길 수 있다는 점을 강조하고 싶었다. 자신의 적성과 꿈을 찾아야 진정한 역량을 키워나갈 수 있으므로, 모든 것을 잘하는 것 보다 내가 잘하는 것을 살려내야 한다고 봤다.

이 과정에서 학과 선택이 왜 중요한지, 그렇다면 어떤 준비를 해야 하는지에 대해 우리는 아이들과 함께 생각할 필요가 있었다. 그리고 자주 보는 선생님들이 아니라, 현재 대학생 멘토들의 생생한 경험담을 통해 아이들이 더 현실적인 자극을 받기를 바랐다. 많은 질문과 고민을 주문해서였을까? 학과 계열 및 진로 포럼 프로그램에서 아이들은 각자가 품고 있던 많은 의문점들을 쏟아냈다. 게임 전문가가 되고 싶어 게임에 푹 빠져 있다는 몇몇 남학생들이 있었다. 이에 대해 대학에서 전자공학이 전공이었던 한 멘토는 "게임의 바탕에는 수학, 공학, 영어 등이 기본으로 깔려 있는데, 학생들은 오직 게임에만 매달린 것 같아 안타깝다"며 "수학을 공부할 때 그 하나하나의 원리가 게임을 만드는 토대가 된다고 생각하면 신나게 공부할 수 있을 것"이라고 조언했다.

시시비비를 논리적으로 가리는 것을 좋아해 판사가 되고 싶다는 한 중2 여학생이 있었다. 대학에서 로스쿨 과정을 밟고 있던 멘토는 "대학을 졸업하고, 로스쿨에 입학해 변호사 시험에 합격한 뒤, 변호사 및 검사 경력을 거쳐야 판사 지원 자격을 갖게 된다"고 설명했다. 비록 그 여학생은 "판사 되기가 그렇게 어려운 줄은 몰랐다. 지금도 시험이 싫은데 판사 되기는 그른 것 같다"고 넋두리를 늘어놓긴 했지만, 꿈을 포기한 것이 아니라 꿈에 대해 더 진지한 접근을 할 수 있는 계기가 됐을 것이다.

이날 무엇보다도 아이들에게 참신했던 경험은 창업 사업계획서를 써 보는 시도였다. 꿈을 펼치고 생계를 꾸려 나가기 위해 직장에서 조직의 구성원으로서 급료를 받는 방법뿐만이 아니라, 자신이 직접 창업을 통해 수익을 창출하는 방법도 함께 생각해 볼만한 가치가 있었다. 물론 창업 아이디어를 창안해 낸다는 것도 벅찬데, 아이들이 아이디어를 바탕으로 사업계획서에 도전한다는 것은 여간 어려운 것이 아니었다. 그래도 우리는 해 봤다.

대한민국의 창업 교육은 점점 뜨거워지고 있다. 전문가들은 4차 산업혁명으로 인해 수많은 일자리들이 사라질 위기에 처한 상황에서, 역동적인 기업가 정신으로 새로운 일자리 창출을 통해 경제에 활력을 불어넣기 위해서라도 창업 교육은 점점 확대되어야 한다고 주장한다. 우리 연구원들과 멘토들은 미래의 새싹인 우리 아이들은 과연 어떤 아이템으로 어떻게 세상을 바꾸고 싶어 할 것인지가 궁금했다. 볼펜과 화이트를 융합해 보겠다는 아이디어, 안경을 사용할 때 습기를 제거할 수 있는 아이디어, 엄마가 양말 개기가 불편한 모습을 떠올리며 양말을 쉽게 접을 수 있는 아이디어 등이 나왔다. 어떤 남학생은 발표 후에 "노트북 게임을 할 때 편한 자세가 나올 수 있는 팔걸이 아이디어가 있는데 말을 안 했다"면서 "당장 실리콘밸리로 달려가 투자 협상을 하고 싶다"고 했다. 그 학생의 능청스러운 자찬에 약간의 야유와 상당한 박수가 쏟아졌다.

이번 프로그램은 강연 및 릴레이 상담 등을 통해 고민, 적성, 비전 등 모든 것에 대해 툭 터놓고 속내를 비칠 수 있었던 기회였다. 창업 아이디어를 낼 땐 잔뜩 신이 났지만 성적 이야기를 하면서는 고개를 푹 숙인 채 푸념을 하는 아이, 대학생 멘토의 한마디 한마디를 노트에 받아 적으며 고개를 끄덕이는 아이, 얼굴이 발개지도록 무엇인가를 미주알고주알 하소연하는 아이를 보면서 우리는 아이들이 크고 있는 소리가 들리는 듯 했다. 몸뿐만 아니라 마음도 무럭무럭 성장하고 있음이 분명했다. 고민의 진폭도 더 커지고 있는 것도 확실했다. 아이들은 현실로부터 보호막이 어느 정도 쳐 있는 학교가 아니라, 현실을 여과 없이 바라볼 수 있는 현실 그 자체에 있었기 때문이었다.

평소에 학교에서, 가정에서, 아니면 학원에서라도 자주 이런 기회를 아이들에게 주면 얼마나 좋을까? 2018년 3월 한국개발연구원KDI 발표에 따르면 자유학기제 도입과 함께 고소득층을 중심으로 학원비 지출이 크게 늘었다고 한다. 이 소중한 자유학기제 기간 동안 너무 많은 아이들이 학원 신세를 지고 있다. 평일이면 밤 10시까지 붙잡혀 있을 때가 많다. 토요일과 일요일이면 특강 및 보강 등으로 제대로 못 쉬고 또 학원에 엉덩이를 붙이고 문제집을 풀어야 한다. 움직이지 말아야 한다. 함부로 대꾸하지 말아야 한다. 시키는 것만 묵묵히 잘해야 한다. 자유학기제 기간 동안 무수히 많은 아이들이 더 가혹하게 자유를 빼앗기고 있는 것이 우리 현실이다.

아이들이 무념무상으로 살아가는 것도 아니고, 말하지 못한 가슴앓이도 많고 미래에 대한 고민도 많을 텐데, 아이들과 같은 성장 과정을 거친 뒤 좀 더 현실적으로 삶과 마주하고 있는 누군가 바투 다가와 이야기라도 들어 주면 좋겠다. 현실이 만만한 것이 아님을 알아도 괜찮다. 그러면서 자신을 발견하고 더 성숙해질 수 있을 테니 괜찮다. 그래서 우리 행사에 참여했던 아이들을 우리는 걱정하지 않았다. 아이들은 멘토들과의 만남을 통해, 그저 애매모호했던 현실의 껍질을 스스로 깨고 있었기에 우리는 오히려 뿌듯했다. 두렵기도 했고 무겁기도 했을 테지만,

그래도 배시시 웃고 헤어진 아이들의 뒷모습이 대견했다. 현실로부터의 따스한 보호가 아니라 현실과의 냉혹한 대면을 했어도 아이들은 주눅 들지 않았다. 오히려 환하게 웃었다. 자유학기제가 우리 아이들에게 오묘한 마술을 부렸다.

다듬어진 현실이 아닌 진짜 현실로

▶ 7월 28일 목요일 2시 20분 서울고등법원 4층. 가는 날이 장날이라고 하더니, 법원 체험학습 첫 코스부터 복병이 나타났다. 공교롭게도 이날은 문화계에서 정부의 입맛에 맞지 않은 인물들에 대한 차별 등으로 불거진 소위 '블랙리스트' 혐의와 관련해 묵직한 피고들에 대한 판결이 있는 날이었다. 그래서 다른 재판들이 거의 열리지 않았다. 설상가상으로, 방청이 가능했던 재판 한 건도 끝나가는 상황이어서 방청 입장이 안 돼 발걸음을 돌릴 수밖에 없었다.

재판을 직접 볼 수 있을 것이라는 기대감이 속절없이 무너져, 무거운 발걸음을 옮겨 정문을 빠져 나와 대법원으로 향했다. 한데 깃발을 팔랑팔랑 흔들며 우리가 지나는 길을 화려하게 장식해 줬던 무리가 있었다. 일반인들의 감정과 판단과는 너무나

상반된 시위 구호였다. 우리 아이들은 정의감에 불타 손사래를 치고 싶었을 것이다. 하지만 차분하면서도 오히려 태연자약하게 그곳을 지나쳤던 아이들이 더 이성적으로 보였던 것은 왜였을까? 학수고대했던 실제 재판은 볼 수 없었어도, 아이들은 대법원과 서울고등법원 사이의 왕복 500여 미터를 걸으며, 현대사의 큰 획을 그을 역사의 현장에서 참으로 만감이 교차했을 것이다.

법학 전공인 대학생 멘토로부터 법원 및 재판에 대한 사전 설명을 듣고, 드디어 3시에 대법원에서 체험학습이 시작됐다. 체험관에서 초대 김병로 대법원장의 강직하고 정의로운 인품을 담은 시청각 자료를 본 후, 법원 교육담당 선생님의 상세한 설명과 함께 '정의의 여신상', 형사 및 민사 재판의 특성을 실감나게 보여주는 전시 자료 등을 둘러봤다.

아이들의 눈길을 한눈에 사로잡았던 곳은 단연 대법정이었다. 13인의 대법관석, 원고석과 피고석, 200여 개의 의자가 비치된 방청석 등으로 이뤄진 압도적인 규모에 아이들의 눈은 금세 휘둥그레졌다. 저마다 자못 숙연한 표정이었지만, 개중에는 '미래 언젠가 저 대법관석 중 한자리는 내 것이다'라는 당찬 다짐을 했던 아이들도 분명히 있었을 것이다.

뭐니 뭐니 해도 이날 하이라이트는 '모의법정 체험'이었다. 독사과를 먹고 잠든 백설공주를 깨우기 위해 입술을 훔친 추레한 용모의 이웃나라 왕자에 대한 성추행 여부를 가리는 재판이었다. 역할은 가위 바위 보로 정해졌다. 판사는 서현이, 검사는 예슬이, 왕자는 지민이, 변호사는 승원이, 백설공주는 윤지, 증인 1은 경의, 증인 2는 건우, 승환이와 원준이와 연우는 방청객을 맡았다. 볼품없는 왕자 역에 지민이가 뽑힌 것에 대해 "역할 선정이 절묘했다"라는 좌중의 목소리와 "내 이미지와 맞지 않는다"라는 지민이의 고독한 항변이 어수선하게 뒤섞였던 초반부를 제외하고는 재판은 사뭇 진지했다.

비록 모니터에 나오는 대사를 읽는 형식이었지만, 마치 실제 재판처럼 창과 방패의 대결을 방불케 하는 첨예한 설전이 이어졌다. 재판 결과 지민 왕자는 무죄를 선고 받았다. 앞으로 학교에서 법원과 관련된 공부를 하게 될 때, 이 체험에 참가했던 학생들은 대략적인 구도가 머리에 그려지면서 더 효율적으로 내용을 파악할 수 있을 것임은 분명했다. 5시가 다 돼 법원 교육담당 선생님과의 작별 인사로 이날 체험학습의 피날레를 장식했다. 많이 걸어서 다리도 아팠을 텐데, 아이들의 표정에서는 시종 피곤한 기색을 찾아볼 수 없었다.

이날 아이들은 멀리만 느껴졌던 법과 법원이 더 이상 이질적인 딴 세상의 영역이 아니라는 점을 체득했다. 우리가 법의 테두리에서 정의롭게 산다는 것이 얼마나 큰 혜택이며, 그것을 소중히 여기고 지켜낼 책임이 우리 모두에게 있다는 사실도 배웠다. 또 일부 집단의 공허한 외침이 정의가 아니라, 정말 바르고 치우침 없는 법적 잣대에서 엄정히 내려지는 판결이 정의라는 점도 새삼스레 깨달았다.

어디 아이들만 값진 경험이었을까? 어른인 우리 연구원들도 기대를 잔뜩 갖고 있었다. 법과 정의가 숨 쉬는 가장 중심이 되는 공간에 들어갈 수 있다는 것 자체가 큰 의미이긴 했다. 하지만, 우리가 법원을 그리 쉽게 가 보지는 못하는 현실에서, 재판 과정을 실제로 볼 수 있다는 생각이 무엇보다도 우리를 들뜨게 했다. 역사의 오점으로 남을 수도 있는 인물들이 재판을 받는 날과 우리의 체험 일정이 공교롭게 겹쳤던 것이 야속하기만 했다. 절로 '아니, 이 사람들이 그동안 지은 죄도 부족해 꿈나무들의 체험 학습마저 망치다니! 에잇!'이라고 뇌까리고 싶었다.

하지만, 그렇게 흥분할 필요까지는 없었다. 우리 사회는 정의가 살아 숨 쉬는 곳이라는 점을 그날 함께 오롯이 느꼈기 때문이었다. 일정이 꼬이고 귀에 거슬리는 거친 구호를 듣기는 했지만, 아이들은 오히려 그것 때문에라도 사회에 대해 더 많은 것을 생각할 수 있었을 것이다. 교과서에서 이론으로 배운 것처럼 세상은 매끈하게 다듬어진 것이 아니라, 다른 목소리를 지닌 다양한 관점이 있고, 상황에 따라 모순으로 가득해질 수도 있다는 것을 아이들은 피부로 느꼈을 것이다. 답답하기도 했을 것이고, 불끈 화도 치밀어 오르기도 했을 것이다. 그러면서 알을 더 깨고자 꼼지락꼼지락 더 몸부림쳤을 것이다.

자유학기제는 단순히 꿈과 직업의 탐구만으로 점철되면 곤란하다. 미래를 향한 꿈을 꾸고 목표를 세우는 과정의 바탕은 현실이다. 지금 우리 사회, 더 나아가 우리 세계는 어떻게 돌아가고 있고, 무엇이 이슈인지를 알아야 향후의 방향을 탐색할 수 있지 않을까? 교과서도 좋고 강의도 좋다. 하지만, 진짜 눈으로 보고 귀로 듣는 과정 등을 통한 직접 경험은 간접 경험에서 느낄 수 없는 힘을 지닌다. 물론, 여행, 체험, 견학 등 다양한 경험의 장은 많지만, 대부분 정형화된 틀에서 짜여 있어 변수가 없다. 어찌 보면 잘 다듬어진 현실이다.

반면에 진짜 현실은 그렇지 않다. 시시각각으로 무수한 상황이 출현하기 때문이다. 시위 현장이 좋은 예다. 왜 저런 목소리를 내고 무엇이 화두인지 등에 대한 아이의 호기심을 이끌어낼 수 있다. 명동 거리도 좋은 예다. 몇 해 전 여름에 거닐었을 때는 중국인 관광객들이 제법 많았는데, 최근 모처럼 지나갔던 명동 거리가 한산했다면, 그 이유에 대해서도 충분한 이야기가 펼쳐질 수 있을 것이다.

최근에 우리 연구원 중 한 명이 일본인 친구와 중학생인 그 친구의 딸과 특별한 곳을 갔었다. 바로 서울 강남의 판자촌인 구룡마을이었다. 그 일본 중학생은 마을을 돌아다닌 뒤 충격을 감추지 못했다. 그리고 마을 입구에 서서 한참 동안 가난, 도시 개발, 이주 방법 등에 대해 많은 질문을 했다고 한다. 도쿄에 살면서 깨끗한 환경만 보고 자라다 그런 환경을 접한 뒤 정말로 많은 생각을 했을 것이다. 그리고 자신의 현실, 남의 현실, 사회의 현실, 전 세계가 공통되게 고민해야 할 현실에 대해 생각의 틀도 훨씬 넓어졌을 것이다.

바로 이런 현실과 더 가깝게 다가갈 수 있는 기회의 시간이 바로 자유학기제다. 적성과 끼를 찾고, 꿈을 찾고, 목표를 찾는 것도 좋다. 하지만, 중학생에게 무리가 되지 않는 선에서 진짜 현실과 진짜 이슈와 마주치는 기회를 주는 것도 충분히 의의가 있다. 그래야 미래를 향한 발판이 더욱 튼튼하고 내실 있게 다져질 수 있기 때문이다. 자유학기는 과거와 현실을 바탕으로 미래를 설계하는 시간 여행이다.

책장을 펼치니 꿈의 날개로 활짝

▶ 8월 27일 일요일 오전 10시 서울 코엑스 별마당 도서관. 5만여 권의 책이 장중한 서가 속에서 알록달록 색채를 뽐내며 찾는 이들을 반기고 있었다. 우리가 너무 일찍 갔기 때문이었을까? 사람들이 많지 않았다. 여느 때 같으면 고즈넉한 기운도 감돌았을 것이다. 한데, 우리 아이들의 잰걸음 소리가 여유롭기 그지없었던 그곳 분위기를 그만 흐트러뜨리고 말았다.

체험학습 '미래의 도서관, 그리고 책 세상'이 바로 별마당 도서관에서 시작됐다. 아이들은 두 명씩 짝을 이뤄 미션을 수행해야 했다. 미션은 다름이 아니라 책과 저자에 대한 간략한 힌트가 담긴 종이쪽지 7장씩을 들고 '책 사냥'에 나서는 것이었다. 그 전날 우리 연구원들은 이곳 도서관에서 세계문학, 수필, 논픽션 등의 카테고리로 종류를 나눠, 중고등학생 필독서를 중심으로 책을 골라 책 중간에 작은 색종이 조각을 껴 놓았고, 아이들은 힌트를 참고하며 스마트폰에서 정보를 얻어 책을 찾아야 했다. 종이는 자그마한 크기였고, 아이들은 그것을 조심스레 모두 빼 왔기 때문에 책 손상의 우려는 없었다.

중학생이 학교나 학원에서 읽으라고 하는 참고서나 문제집이 아닌 다른 책을 들고 쉬는 시간 등에 독서 삼매경에 빠져 있다면 일종의 '기인' 취급을 받는다. 만약 고등학생이 자습 시간에 그런 책을 읽고 있다면 '인간문화재' 취급을 받을 정도다. 이것이 우리 교육의 현실이다. 오로지 내신 성적과 수능 성적으로 점철된 환경에 익숙하다 보니, 책을 읽는다는 것은 현실을 몰라도 너무 모르는 족속으로 취급 받기 일쑤다. 아이들이 더러 읽는 책은 거의 대부분이 학교나 학원에서 시켰기 때문에 읽는 것이지 읽고 싶어서 읽은 책이 아니다. 물론 그런 책이더라도 제대로 읽는다면 주옥같은 마음의 양식이 될 수 있겠지만, 꽉 찬 학원 스케줄과 스마트폰이라는 유혹이 도사리고 있는 상황에서 어지간해서는 그런 효과를 기대하기 어렵다.

책을 곁에 두지 않으니 요즘 아이들의 생각은 깊지 못하다. 교과서와 추천도서 몇 권으로 포장된 정형화된 지식이 무미건조하게 치장돼 있을 뿐이다. 책을 통한 간접 경험이 부족하다 보니 중학교 정도 되면 아이들의 상상력은 거의 고갈 상태에 직면한다. 상상력이 있다손 치더라도 발휘할 기회는 물론이고 그것을 소통할 통로도 없어 고등학교쯤이면 그 흔적은 온데간데 없이 사라지는 것이 보통이다. 책을 통해 논리와 감정의 흐름 및 표현의 묘미를 접할 기회가 없다 보니, 자기의 생각을 글이나 말로 표출하는 능력을 제대로 갖춘 학생은 그야말로 모래사장에서 바늘 찾는 격이다.

그래서 우리 사회의 아이들이 다양한 관점에서 상황을 관조하거나, 자신을 좀더 깊게 반추하거나, 참신한 아이디어로 잔뜩 설레거나, 자신만의 비전을 갖고 나아가는 능력이 부족한 것일지도 모른다. 더욱 심각한 문제는 우리 어른들도 책을 읽지 않는다는 것이다. 논술 학원에서 숙제로 낸 책을 읽으라고 다그쳐 놓고는 옆에서 스마트폰을 두드리고 있는 엄마들, 책은 짬짬이 읽는 것이라고 충고를 하면서도 정작 지하철에 앉아 역시 스마트폰을 만지작거리는 아빠들도 이 상황에 대한 책임에서 자유로울 수 없다.

우리는 아이들에게 책을 보여 주고 싶었다. 책을 읽게 하는 것이 아니라 우선 보여 주고 싶었다. 그래서 도서관 체험 학습을 마련했던 것이다. 어마어마한 장서가 빼곡히 들어찬 서가를 보며 책의 장엄함을, 책장을 넘겨보며 종이가 전달하는 부드러운 질감과 은은한 향내를, 책을 읽거나 보기 위해 같은 장소로 같은 시간에 모여든 사람들과의 동질감을, 그러면서 책에 대해 서로 도란도란 이야기하면서 사람의 향기를 느낄 수 있는 그런 체험을 위해서였다.

두 번째 코스는 강남 국기원 인근에 자리 잡은 국립어린이청소년도서관이었다. 읽고 싶은 책을 1층에서 골라 독서토론실로 올라가기로 했다. 아이들은 책 제목, 책 디자인, 책 소개 글, 자신의 관심 분야 등 저마다 다양한 이유를 바탕으로 책을 골랐다. 아이들은 토론실에서 자신이 책을 고른 이유, 왜 그런 책들을 그동안 마음껏 읽지 못했는지, 도서관에 왜 자주 가지 못하는지 등에 대한 온갖 생각을 거리낌 없이 쏟아냈다. 그리고 어렸을 적 책에 대한 추억, 연구원들의 인생 경험과 덕담 등이 오갔던 한바탕 방담의 시간이 이어졌다.

학교나 논술학원에서는 특정 책에 대해 토론하고 감상문을 쓰는 등 적절한 틀이 갖춰진 상태에서 독서 활동이 이뤄지는 것이 보통이다. 핵심을 짚어야 하고 서론·본론·결론 등 일종의 정해진 룰에 맞춰야 한다는 강박관념이 앞서면, 독서 활동은 자발적이기는커녕 의무적인 활동으로 변질된다. 하지만, 독서 토론실에서 우리가 느낀 것은 책을 바탕으로 토론과 발표가 이뤄지더라도, 틀을 제시하지 않은 상태에서 책과 관련된 자유로운 표현의 장을 마련해 주는 것이 아이들의 참여와 호기심 발현에 더 도움이 될 수 있다는 점이었다. 무엇보다도 그런 분위기에서는 불필요한 눈치를 보지 않고 서로의 소통이 더 자연스럽게 이뤄졌다. 저자의 생각 속으로 손전등을 비춰 좁게 파고드는 것 못지않게, 자신의 생각으로부터 커다란 빛을 마음껏 방사하는 것도 아이들에게 정말 중요했다.

세 번째 체험 공간은 남산 자락에 위치한 북파크였다. 그곳은 새 책과 중고 책을 구매할 수 있고, 카페에 앉아 대화를 나눌 수 있으며, 아기자기한 공간에서 책 세상에 심취할 수도 있는 '복합 책 공간'이었다. 그곳에서는 한 권에 1000원에서 2000원 정도의 중고 책들 중 마음에 드는 책을 5000원 범위 내에서 고르면서 서로 의견을 교환해 보는 시간을 가졌다.

예전에는 친구들에게 책을 선물해 주는 경우도 있었다. 친구가 좋아하는 작가, 좋아하는 주제, 좋아하는 장르 등을 알고 있는 것은 그렇게 어렵지 않았다. 스마트폰도 없던 시절에 친구와 할 수 있는 것은 바로 대화였다. 대화의 양념은 음악, 영화, 여행 등 그야말로 다양했지만, 그 중에서 약방의 감초처럼 항상 들어

갔던 것은 책이었다. 책을 읽고 웃고 울고 분노했던 시절이었으니 말이다. 우리는 아이들에게 책이 정감 넘치는 대화의 바탕이 될 수 있을 뿐만이 아니라, 현실을 더 넓게 바라볼 수 있는 등대 역할도 함께 할 수 있다는 점을 경험하게 해 주고 싶었다. 그래서 친구가 책을 고를 때 한마디라도 해 주고, 혹시 알고 있는 정보가 있으면 적극적으로 공유하면서 많은 대화를 나누도록 분위기를 만들어 줬다.

지민이는 축구선수 드록바 자서전을 발견하고 마치 "심봤다!"를 외치는 듯 득의양양한 기세였다. 성빈이와 승환이는 모두 물리 관련 책을 사서 흡족한 표정이었는데, 주변에서 "한 장이라도 넘겨 읽을 수 있을지 걱정이 될 정도로 어려운 책 같다"라는 반응이 흘러나오기도 했다. 서연이는 '빈티지 걸'을 골라 주변 친구들에게 반응을 묻더니 내용을 한 번 훑어보겠다며 계단에 앉아 책을 폈다. 새침한 표정으로 책장을 쓰적쓰적 넘기는 모습이 영락없는 문학소녀였다.

아이들은 도서관과 서점이라는 곳이 단순한 독서와 책 구매를 위한 공간이 아님을 깨달았을 것이다. 행사 전에 아이들에게 추천도서를 잔뜩 모아 리스트로 만들어, 개별적으로 그 중에 하나를 골라 발표회를 열어 보자는 의견도 있었다. 하지만 기존의 패턴을 답습해서는 아이들을 책에 가깝게 다가가게 할 순 없다는 결론을 내렸다. 그 대신 아이들이 책과 접하고, 책을 찾고, 책을 통해 사람과 함께 소통을 하도록 하자는 의견으로 수렴이 됐다. 우리가 아이들의 입맛도 모른 채 물고기를 잔뜩 건네주며 먹어 보라고 종용하는 것이 아니라, 아이들 스스로 자신의 입맛에 맞게 물고기를 일단 낚아 보는 방법을 터득하도록 길을 제시해 주는 것이 옳다고 봤기 때문이다.

이날 이동하는 도중 버스 안에서 우리는 "책과 신문을 봐야 정보와 지식의 틀이 더 확장된다"는 주장에 동의를 하는지에 대한 의견을 아이들에게 물었다. 상당수가 "꼭 책과 신문을 고집할 필요가 없다. 스마트폰이 더 많은 정보와 지식을 전달한다"는 반응을 보였다. 과연 그럴까? 아이들이 정보나 지식을 얻기 위한 스마트폰의 용도는 보통의 경우에 이렇다. 주요 포털 사이트 주요 뉴스 및 실시간 상위 검색어, 유튜브 인기 동영상, 페이스북 또는 인스타그램 등에서 떠도는 이색 사진 및 동영상 등이 바로 아이들이 접하는 대부분의 지식이고 정보다.

물론, 이런 방식의 지식과 정보 습득도 나름대로 의미와 가치가 있을 수 있다. 하지만, 깊이 없이 겉핥기 같다는 생각은 우리만의 고리타분한 접근법일까? 아이들이 스마트폰을 만지작거리며 과연 깊고 넓은 지식과 정보의 심해로 빠져들 것인지, 아니면 화려한 화면의 마술에 이끌려 게임과 눈요깃감에 빠져들 것인지에 대한 논쟁은 굳이 할 필요는 없을 것 같다. 우리 주변의 아이들을 바라보면 이미 답은 나와 있기 때문이다. 그래도 버스 안에서 아이들은 이러한 우리의 생각에 제법 거세게 반박을 했다. 과거의 시각으로 현재와 미래를 바라보면 안 된다는 주장이었다. 만약 종이 책의 중요성만을 강조하면 다시는 체험 학습에 오지 않겠다는 엄포를 놓는 아이들도 있었다.

우리도 가만히 있진 않았다. 독서 부족이 초래할 수 있는 현실적 문제점을 아이들이 직시할 수 있도록 약간 겁을 줬다. 국어 성적이 치명상을 입고, 영어 및 탐구 과목 성적도 한계에 이르고, 작문 및 자소서 작성 등이 힘겨워지며, 더 나아가 면접에서도 낭패를 볼 수 있다는 말을 했더니, 아이들은 귀를 쫑긋 세우고 들었다. 약간은 겁이 났던 모양이다. 우리 연구원들은 정말 좋은 책 한 권을 읽고 이렇게 각을 세우고 아이들과 한바탕 논쟁이라도 펼칠 수 있다면 얼마나 좋을지를 상상해 봤다.

책을 만져 보고 향기를 맡으면서 글의 매력에 푹 빠질 수 있는 공간, 더 나아가 사람과 소통하며 더 따스한 지식과 생각이 교차될 수 있는 만남의 공간이 우리 주변에 많다는 것을 경험을 통해 알게 됐기 때문이었을까? 몇 달이 지난 뒤 의외로 많은 아이들과 우리 연구원들은 "자유학기제 체험학습들 중 도서관 체험이 가장 기억에 남는다"고 말했다. 비슷한 체험 프로그램을 한 번 더 하자는 의견도 나왔다. 그날 책 세상은 우리에게 깊고 그윽한 추억의 한 페이지를 장식해 줬다. 우리는 깨달았다. 자유학기제는 얼마든지 아름다운 추억으로 남겨질 수도 있다는 사실을.

독서? 마음껏 읽게 해야
책장을 넘긴다

독서가 좋다는 것은 삼척동자도 알고 있는 사실이지만, 요즘 아이들이 책을 갈수록 읽지 않는다는 현실은 여전히 답답하다. 공부 스케줄에 허우적거리고 스마트폰 등 다른 유혹 때문에 아이들이 책을 접하기 힘든 것만이 문제가 아니다. 어떻게든 책을 읽고 독서 기록 등을 하기는 해도 성실히 하는 경우가 많지 않다. 무엇보다도, 책 선택도 스스로 하지 못해 남이 골라 주기 전까지 손가락만 빨고 있는 아이들도 생각보다 많다.

학원 스케줄 조정 및 진학 방향 결정 등 중요한 것을 스스로 해 본 경험이 드물다 보니, 책을 고르는 것조차 제대로 못하는 경우가 수두룩하다. 그래서 학교 추천도서, 학원 추천도서, 대입 추천도서 등에 의존한다. 한데 문제가 있다. 많은 아이들이 목록을 훑어보고 구미가 당기지 않는다며 선택 전부터 푸념을 늘어놓는 것은 차치하고서라도, 추천 도서를 읽고 나서도 태반이 "예상대로 별로 재미가 없다"라며 심드

렁한 반응을 보인다는 것이다. 특히, 차원 높은 독서 기록을 위해 대학 추천도서 등에 도전하는 중고등학생들의 경우, 실제로 특정 분야에 지대한 관심이 있지 않다면 혀를 내두르고 중도 포기를 하기 십상이다. 그래서 추천 도서를 통한 책 읽기 지도가 쉽지만은 않다. 정말 마음의 양식이 될 훌륭한 책들이 대부분인 데도 말이다.

물론 추천 도서 등 주변에서 많이 거론 되는 책들이 좋기는 하지만, 그래도 아쉬운 점들이 있다. 주변에서 "명문대 합격생들이 필수적으로 읽었던 책" 또는 "유명한 ○○ 학원에서 논술 및 소논문 대비용 등으로 쓰는 책"이라며 추천하는 책들은 상당수가 너무 오랜 세월 동안 신성시돼 온 책들이라는 점을 우선 꼽을 수 있다. 세상에 나온 지 오래됐다는 시간적 관점에서 책을 말하는 것이 아니다. 좋다는 책, 유명하다는 책, 시험 지문 등에서 활용된다는 책 등을 주변에서 너무 과할 정도로 추천을 하다 보니, 아이들의 독서 이력이 비슷한 경우도 많다. 교내 독후감 대회, 학생부 독서기록, 면접 대비 등에서는 그 정도가 더 심하다.

예를 들어, 환경과 생물에 관심이 있어 그 방면으로 대학 진학을 고려하고 있는 학생들이 바이블처럼 읽고 있는 책은 레이첼 카슨Rachel Carson의 '침묵의 봄SilentSpring'이다. 1962년에 출간된 이래로 살충제가 환경에 끼치는 악영향에 대한 경종을 울리는 역작으로 평가 받는 책이다. 또한 유전자에 의해 생명 존재의 방향성이 좌지우지된다는 논리로 세상을 깜짝 놀라게 했던 리차드 도킨스Richard Dawkins의 '이기적 유전자The Selfish Gene'도 어김없이 등장한다. 1976년에 나온 책이다. 40년, 심지어 50년이 훌쩍 넘은 이 책들은 아직까지도 수많은 학생들이 면접에서 "이 책을 읽고 큰 감동을 받아 의사가 되기로 결심했다" 또는 "생명공학자의 꿈을 키우기 시작했던 것은 이 책 때문이었다"라고 말하도록 이끌고 있다.

실제로 우리가 상담 및 면접 준비 등을 위해 만나 본 많은 학생들 중에는 소위 '바이블' 책 몇 권 외에는 읽은 책이 거의 없는 경우도 허다했다. 그래서 학생들의 꿈과 적성 등과 연계된 독서 및 관련 지식 등에 대해 좀 깊게 들어가 보면, 겉으로는 철옹성처럼 구축된 듯 보이는 독서 활동의 강도와 깊이가 금세 무너지기도 한다. 만약 면접에서 천편일률적으로 전개되는 독서 정보를 면접관이 들으면 무슨 생각을 할까? 독서의 깊이가 얕고 폭이 좁은 경우, 조금만 깊게 질문해 들어가면 모든 것이 들통 나고 만다.

그렇다고 무조건 많은 책을 읽어야 한다는 말은 아니다. 아이들의 현실상 그런 호사를 즐길 만한 여유가 없기 때문이다. 그래서 우리는 두 가지를 제안하고 싶다. 첫째, 만약 책 다섯 권을 읽어야 한다면 주변의 추천 도서는 두 권만 읽고 나머지 세 권은 다른 책을 읽는 것은 어떨까? 요즘 화두인 자기주도 학습이라는 맥락에서도 봤을 때, 스스로 책을 고르는 것은 그 하나만으로도 가치가 있다. 그렇다고 아무 것이나 읽자는 뜻은 아니다. 적절한 틀 안에서 자유롭게 선택하는 것이다.

예를 들어, 적성과 진로 등을 고려해 '지리'로 독서 방향을 좁히고 싶다면, '지리와 경제' '지리와 문화' '지리와 음식' 등으로 적절한 틀을 형성해 책을 고르면 된다. 주변에서 많이 추천하는 책들만이 양서의 전부가 아니다. 시선이 이끌려 무심코 골라 읽은 책이 깨달음과 동기 부여 등의 차원에서 커다란 효과를 자아낼 수도 있다. 환경에 관심이 있다면, 레이철 카슨의 '침묵의 봄'도 좋지만, 자연주의자로서 인간과 자연의 현재와 미래를 담담히 그려낸 다이언 애커먼Daine Ackerman의 '휴먼에이지The Human Age'도 세계적인 찬사를 받는 작품으로서 충분히 읽어 볼만한 가치가 있는 책이다. 하지만, 학교나 학원에서는 이런 책을 언급도 하지 않는다.

둘째, 이런 목적을 위해 도서관을 최대한 활용하자는 것이다. 우리가 만나 본 많은 아이들은 "인터넷에는 책이 너무 많은데 어떻게 해요?" "서점에 갔는데 그런 책이 따로 보이지 않는데 어떻게 하죠?"라는 반응을 보인다. 한마디로 책을 고르는 자율적 역량이 부족하다는 점이다. 돈을 주고 새로 사야 하는 데다 시간도 따로 투자해야 해서, 제대로 책을 고르고 싶은데 잘 모르겠다는 논리이다. 그러다 보니 귀

찾아져 결국엔 인터넷 등에서 추천 도서를 참고해 책을 덥석 고른다. 책을 처음 눈으로 보았을 때 겉에서 풍기는 특징 등을 느낄 짬도 없이 말이다.

이럴 때 가장 좋은 해결책은 바로 도서관이다. 일부 학생들은 반드시 새 책을 사서 따로 책장에 두고 마음 편이 읽는 것을 선호할 수도 있겠지만, 그렇지 않을 경우엔 역시 해결책은 도서관이다. 동네 주민센터 등에 자그마니 마련된 도서관보다는, 구립 또는 시립 도서관 등 규모가 어느 정도 되는 도서관에 가면 만사가 해결된다. 이런 중형 또는 대형 도서관들 중 상당수가 청소년 섹션을 따로 두고 있다. 직업 등 진로·진학 관련 추천 도서뿐만이 아니라, 각 과목별로 추천 도서를 갖춰 놓고 있어 덤으로 좋다.

서점에서, 특히 대형 서점에서도 원하는 책을 고르기가 쉽지 않은 경우가 많다. 예를 들어, 대형 서점들의 자연과학 섹션을 훑어보면 보통 최근 책들이 대부분을 차지하다 보니, 출간된 지 좀 지난 책들을 구하기가 힘들 수도 있다. 서점과는 달리 도서관들은 책 분류도 훨씬 세분화돼 있을 뿐만 아니라, 출간 시기로 봤을 때 훨씬 다양한 폭의 책들로 채워져 있다. 따라서 독서 범주를 정하면 큰 무리 없이 원하는 종류의 책을 고를 수 있는 것이다.

굳이 특정 책을 고르지 않아도, 시간을 따로 마련해 어떤 책들이 어떤 방식으로 분류돼 있는지를 그냥 훑어보는 것만으로도 좋다. 빌리거나 읽는 것이 아니라, 그냥 눈길을 스치며 체크해 보는 방식만으로도 초등학생부터 성인까지 책에 대한 은근한 호기심을 자극할 수 있다. 만약 초등학생이나 중학생 아이에게 "엄마가 각국의 요리 문화와 관련된 책을 읽고 싶은데 도서관에서 좋은 책 두 권만 빌려다 주면 좋겠다"라고 말해 보자. 이런 방법을 쓰면, 아이가 엄마가 부탁한 책뿐만이 아니라 자신이 원하는 책을 빌려 오는 것도 기대할 수 있다. 스쳐 지나가면서 자신이 생각하기에 디자인이나 제목이 마음에 드는 책을 정말 빌려 온다면, 그것만으로도 긍정적인 독서 습관이 생겨날 수 있는 작은 계기가 될 수도 있을 것이다.

독서 습관을 따져 봤을 때, 우리가 주변을 관찰하고 상담해 보면 아이들의 독서 습관은 네 부류로 나눠도 될 것 같다. 첫째, 스스로 책에 호기심이 많아 다양한 주제의 책을 섭렵하고 성인들이 읽는 수준 높은 책들까지도 거침없이 도전하는 부류다. 서점의 베스트셀러 코너 등에서 어른들과 똑같이 책을 고르고, 수백 페이지 두께의 책도 뚝딱 읽어 낸다. 둘째, 독서를 향한 자발적인 호기심은 강하지 않지만, 가정교육 등을 통해 끈기 있게 독서를 이어가는 부류다. 습관을 통해 진지한 독서의 매력을 차근차근 발견해 가기도 한다.

셋째, 의무적으로 책을 손에 드는 부류다. 책을 읽기는 하지만 독서를 싫어도 해야 하는 지긋지긋한 숙제 정도로 생각하므로, 책을 끝까지 읽지 못하는 경우가 다반사다. 넷째, 시키고 달래도 독서에 도무지 관심이 없는 부류다. 많은 학부모들이 "책이라면 손에도 대지 않고 허구한 날 게임만 한다"며 하소연을 하는 대부분의 경우가 이에 해당한다.

우리가 상담한 사례 중에는 이런 경우도 많다. 여러 주제의 책을 탐독하는 것이 습관이 돼 있는 고등학생들 중에 내신과 고등학교 모의고사 국어 시험에서 고득점을 하는 학생들도 여럿이다. 국어 공부에 시간을 많이 투자하지 않은 데도 말이다. 이런 학생들의 공통적인 특징은 영어 성적 및 탐구 과목 성적도 덩달아 좋은 비율이 높다는 것이다.

위에서 언급한 첫 번째 또는 두 번째 유형에 해당하는 학생들은 이런 효과를 거두는 경우가 심심치 않게 있다. 세 번째와 네 번째 유형의 아이들의 경우, 유사한 효과를 거두기 위해서는 따로 엄청난 시간을 투자해야 한다. 국어나 논술 학원에서 문제집 등을 더 풀거나, 과제로 내주는 책도 끙끙거리며 어떻게든 읽어야 하고, 소위 시험 '스킬'도 따로 터득해야 한다. 하지만, 어느 순간 모래성처럼 그 노력이 헛되이 허물어질 수 있다. 사고의 뼈대가 진하고 깊고 단단하지 못하기 때문이다.

가장 이상적인 바람은 아이들이 자발적으로 책에 눈이 가도록 거드는 것일 테지만, 선행학습과 시험과 과제 등으로 정신없이 버티며 살아가는 아이들의 현실은 녹록하지 않다. 그렇다고, 아이들의 성향을 하루아침에 바꿀 수도 없는 노릇이다. 책을 읽지 않는 아이에게 부모가 "책을 읽어라"고 다그치거나 회유하는 것은 '쇠귀에 경 읽기'일 수 있다. 현실에 치여 자신을 추스를 여유도 없고, 만사가 귀찮고 짜증이 나는 아이에게 그런 요구와 설득은 통하지 않는다고 보는 것이 마음 편하다.

그렇다면, 독서라는 난제 앞에서 과연 어떻게 하는 것이 그나마 좋다는 것일까? 독서를 싫어하는 아이가 책에 심취할 수 있는 가능성은 있는 것일까? 한데, 이런 질문을 하기 전에 먼저 던져야 할 질문이 있다. 부모로서 나는 아이들에게 모범이 될 만큼 책을 읽는 모습을 자주 보여 주고 있을까? 아이가 읽는 책이 신통찮은 책처럼 보이더라도 독서 자체를 가치 있게 여겨 줄 너른 아량을 갖고 있을까? 아이가 책을 읽겠다고 한다면, 주말 등을 이용해 일주일에 네다섯 시간만이라도 마음껏 책에 심취할 수 있도록 간섭하지 않을 수 있을까? 독서는 그저 짬을 내서 하는 것이고 진짜 국어 및 논술 공부는 학원에서 해야 한다는 생각을 버릴 수 있을까?

이런 질문들에 선뜻 "그렇게 해 보겠다"라는 대답이 나오지 않는다면, 아무리 좋은 독서 자극 노하우를 익히고 적용하더라도 아이들은 좀처럼 책을 읽지 않는다. 답답하고 막막할 것이다. 한데 참 이상한 것은 부모들은 크게 위기감을 느끼지 않는다는 사실이다. 책보다는 학교 공부만이라도 열심히 해서 성적이 오르는 것보다 더 중차대한 것이 없다고 보기 때문이다. 그래서 학원으로 향하는 아이들 모습에 안도감을 느낀다.

아이가 독서 감상문도 제대로 못 쓰거나, 자소서를 몇 줄 끼적이다 힘에 부쳐 하는 것도 별반 개의치 않는다. 학원이나 컨설팅이 있어서다. 면접에 대비하기 위한 지식과 정보와 표현력이 부족해도 마찬가지다. 또 역시 학원으로 아이들의 등을 떼밀면 된다고 보기 때문이다. 논술 시험은 아예 모든 것을 학원에 맡기는 것이 순리가 됐다. 책과 친해지고 생각의 틀을 넓히면서 표현의 재미를 느낄 수 있다면 아이와 부모의 부담과 좌절은 훨씬 덜할 텐데 말이다. 마음껏 읽게 하고 지적 성취감을 느끼도록 진심으로 응원해 준다면 모두가 좀 더 여유로울 텐데 말이다.

우리의 모든 경험을 종합해 볼 때, 책으로 좀처럼 손이 가지 않은 중학교 1학년 학생은 중학교 및 고등학교 내내 제대로 책을 읽기 힘들다. 사실, 초등학교 때부터 그런 습관이 길들여지지 않았다. 여기서 책이란 학교나 학원 때문에 억지로 읽어야 할 책을 말하는 것이 아니다. 자신의 호기심과 적성과 꿈을 향한 의미 있는 책의 책장을 넘기기 힘들다는 말이다. 그 습관은 대학생이 돼도 어엿한 직장인이 돼도 변하지 않기 일쑤다. 자유학기제가 독서 습관의 대전환을 이룰 수 있는 마지막 기회일 수도 있다.

믿고 싶지 않을 테지만, 정말 그렇다. 우리 주변의 너무 많은 사람들이 책을 손에 들지 않는 것이 그 증거다. 지하철을 타 보면 금세 현실과 마주칠 수 있다. 출퇴근 시간대가 아닌 호젓한 시간대, 즉 충분히 여유 있는 시간대에 지하철 차량을 가로질러 걸어가 보자. 지하철 자리에 앉아 있는 수백 명의 사람들 중 책을 읽는 사람은 고작 서너 명, 아니 한두 명이다. 우리 아이들 중 누군가 그 한두 명이면 좋겠다. 그렇게 변했으면 좋겠다. 독서 습관화를 향한 정말 마지막 전환점일 수 있는 자유학기제를 통해 많은 아이들이 책을 스스로 잡아 들면 좋겠다.

part 5.

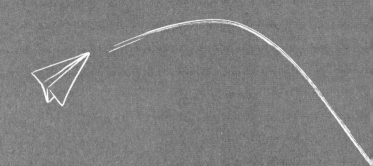

시공을 초월한
상상의날개

맘껏 상상하고,
실컷 체험하고

꿈이 뭐야? …
너무도 추상적인 질문

▶ "너는 앞으로 무엇이 되고 싶어? 원하는 직업이 뭐지?"

우리가 습관처럼 아이들에게 툭 던지는 이 질문. 누군가 성인인 우리에게 이렇게 묻는다면 과연 머뭇거리지 않고 바로 답을 건넬 수 있을까? TED Talk에서 열강을 펼쳤던 직업 전문가 에밀리에 왑니크Emilie Wapnick는 "이 질문은 아이들이 꿈을 펼치도록 자극하는 것이 아니라, 오히려 열정과 상상력을 가둔다"고 말한다. 어른들도 나아가야 할 방향을 찾지 못해 갈팡질팡하기 일쑤인데, 세상 경험이 일천한 아이들이 미래에 대한 옹골찬 포부 하나를 그럴싸하게 밝히는 것을 기대하는 것은 무리다. 그래서 왑니크는 "부모가 선호하는 특정 직업 선택의 필요성을 은연중에 심어주는 것이 아니라, 시시각각으로 변하는 세상에서 우리는 아이들에게 다양한 경험을 통해 다각적인 삶의 네트워크를 엮어낼 수 있게 해야 한다"라고 말한다.

우리나라에서 어른들이 입버릇처럼 하는 말이 있다. "인생을 길게 살다 보면 재수나 삼수는 아무 것도 아니야. 좋은 경험이 될 수 있어." 마치 경구처럼 들리는 이 말에는 인생을 넉넉한 마음으로 관조하는 아량과 기다림이 묻어 있다. 살아 보니 그게 정말 틀린 말이 아니라는 점을 알고 있기 때문이다. 그렇다면 삶의 목표와 직업관이 조변석개로 변할 수도 있는 것이 어찌 보면 보편적인 삶의 모습임을 골백번 자각하고 있는 어른들이 미래 직업과 꿈에 대해서도 아이들에게 너그럽게 마음을 열어 주면 어떨까?

끈질긴 용기의 힘을 강조한 역작 '그릿Grit'의 저자이면서 미국 펜실베니아대 심리학과 교수인 앤절라 더크워스Angela Duckworth는 "성장할 수 있다는 신념으로 다져진 열정과 끈기야말로 값진 결과를 가지고 오는 원동력"이고 말한다. 사회에서 첫 발을 내딛는 첫 직업 및 직장에서 오래 몸담을 수 없다는 사실을 우리는 너무 잘 알고 있다. 그렇다면 우리 아이들이 현재 시점에서 구체적인 삶 또는 직업에 대한 목표가 있느냐 없느냐를 고민하는 것이 아니라, 장기적으로 열정과 끈기 그리고 가치를 찾고자 하는 탐구 정신을 갖출 수 있느냐 없느냐를 고민하는 것이 우선일 것이다.

소싯적에 주변의 압박과 사회적 통념 등에 영향을 받아 선택한 대학 학과 및 첫 직장이 돌이켜 생각해 보면 정답은 아니었다고 털어놓는 어른들이 많다. 또한 남부럽지 않은 학벌과 겉으로는 번듯한 직장을 갖고 있는 사람들 중에 현실을 푸념하고 번뇌하는 경우도 부지기수라는 점도 부인할 수 없다. 무엇인가 비어 있는 것 같고, 더 좋은 대안이 있는 것 같아 끊임없이 아쉬워하고 고뇌하는 것이 직업의 숙명, 아니 삶의 질곡이라는 것을 인정한다면 과연 우리는 아이들에게 어떤 지혜를 선물해야 할까?

자유학기제 시기를 거치고 있는 중학생 아이들에게 이런 고민은 현실적으로 와 닿지 않는다. 미래의 직업을 탐구하고 꿈을 열어 가는 첫걸음이라며 자유학기제의 구호가 주변에서 요란하게 들려도 아이들은 별반 관심이 없다. 공부, 성적, 친구 문제 등 현실적으로 신경 써야 할 것들이 많아서일 수도 있겠지만, 무엇보다도 아이들은 삶을 잘 모른다. 그러니 직업의 종류도 잘 보이지 않는다. 직업 전문가의 스토리와 비전도 멋지게 와 닿을 뿐 다 딴 세상 이야기처럼 들린다.

무엇이 되고 싶은지 물으면 아이들은 머리를 긁적이거나 생각나는 대로 그냥 말한다. 참 빨리도 미래의 꿈을 입 밖으로 꺼내는 것 같지만, 그것은 위기를 모면하기 위한 미봉책이다. 정답이 아니다. 아직 무엇이 되고 싶은지 모르겠다는 답변은 그나마 정직한 편이다. 그래서 "커서 무엇이 되고 싶어?"라는 질문은 참으로 난해한 추상화, 그것도 모자라 아예 위아래를 뒤집어놓은 추상화를 보여 준 뒤 "이 그림을 보고 무엇을 느꼈어?"라고 묻는 것과 같다고 보는 것이 좋을 것 같다.

그래서 시점을 미래로 놓고 결과를 향해 난해한 질문을 던지는 것보다, 손에 잡히는 현재의 과정을 통해 아이의 역량과 끼를 찾아갈 수 있는 질문을 던지는 것이 더 좋다. 질문은 복잡할 필요도 없다. 예를 들어, "너는 왜 커피 종류를 그렇게나 많이 알고 있어?" 또는 "고속열차 디자인에 관심이 많은 이유가 뭐지?"라는 질문을 하면, 아이는 대번에 대답을 내놓을 수 있을 것이다. 난해한 추상화가 아니라, 구체적인 정물화가 그려지고 있기 때문이다. 그래서 서로 더 많은 대화가 이어지고 더 많은 자극을 줄 수 있는 계기가 마련될 수도 있다.

그래도 역시 화두는 꿈이고 미래다. 어른들은 아이들이 멋들어진 꿈을 갖기를 바란다. 그래서 수많은 아이들이 어른들의 지도와 격려를 받으며 학교와 학원과 가정에서 꿈의 지도를 그리거나 꿈의 설계도를 작성한다. 부모들은 아이들이 미래를 제대로 그려내지 못하면 내심 불안해하기도 한다. 아이가 꿈이 없어답답하다며 한숨을 푹푹 내쉬기도 한다. 꿈이 너무 자주 변한다며 혀를 쯧쯧 차는 것도 예사다.

　동물학자인 프란스 드 발Frans De Waal은 동물의 본질을 제대로 파악도 못 하면서 동물을 단편적으로 판단해 버리는 인간을 꼬집은 저서 '우리는 동물이 얼마나 똑똑한지 알 만큼 충분히 똑똑한가Are We Smart Enough to Know How Smart Animals Are?'로 잘 알려져 있다. 자유학기제와 연결해 이런 질문을 해도 좋을 것 같다. 우리 어른들은 아이들이 무슨 꿈을 머금고 있는지 물을 만큼 충분히 꿈을 머금고 살아 왔나?

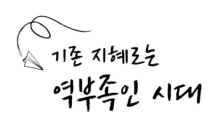

기존 지혜로는
역부족인 시대

▶ "열심히 공부해서 좋은 회사 들어가. 아니면 안정적인 공무원을 노려 봐"

1990년대, 심지어 2000년대 초반만 하더라도 청소년들의 진로 및 진학에 대해 어른 나름대로의 경험 및 지혜를 바탕으로 의미 있는 조언을 해줄 수 있었다. 하지만 지금은 어떨까? 앞으로 10년 후에 어떤 사회가 펼쳐질 지 예상할 수도 없는 변화무쌍한 시대에 우리는 살고 있다. 만약 기성세대인 우리가 아이들에게 기존의 틀을 바탕으로 미래의 길을 안내한다면 그것은 두 눈을 가린 채 아이의 손을 이끌고 대로를 걷는 것과 같다. 인공지능, 다기능 로봇, 나노 등 첨단 기술, 그리고 공유 경제 및 플랫폼 등 시시각각으로 진화하고 있는 경제 시스템이 사회 저변에 확대되고 있는 상황에서, 고루한 사고방식은 통할 수 없게 됐다.

마치 절대 변하지 않는 진리라고 철석같이 믿고 '열심히' '끝까지' 원칙만을 고수할 수도 없다. 까딱 잘못하면 시류를 놓쳐 도태될 수 있다. 예를 들어, 안정된 삶을 영위한다는 미명 아래 재수 삼수를 하더라도 공무원에 도전하는 것도 이제는 칠전팔기의 의지라고 바라볼 수 없다. 도박처럼 여겨질 정도로 공무원 합격 확률이 곤두박질치고 있기 때문이다. "젊은이들의 꿈이 공무원인 나라는 희망이 없다"며 우리나라의 현실을 거세게 질타하는 세계 석학들의 지적은 차치하더라도, 과연 아이의 성향은 그것이 아닌데 공무원을 우리가 강권하는 것도 도리가 아닐 것이다.

삼성과 같은 대기업도 하루아침에 사라질 수도 있다는 경고는 작금의 현실이 얼마나 종잡을 수 없는지를 잘 말해 준다. 예루살렘 히브리대학교 유발 하라리Yuval Noah Harari 교수는 호모데우스Homo Deus에서 "지금 인류의 변화 속도는 감히 브레이크를 걸 수 없을 정도"라며 "생명의 한계마저도 초월해 이제 우리 스스로 신이 되고 있다"라고 했다. 미국 정부의 핵심 두뇌 중 한 명으로서 미래산업 보고서The Industries of the Future를 쓴 알랙 로스Alec Ross는 "산업용 로봇뿐만이 아니라 노인 요양 로봇 등 우리의 모든 영역을 로봇이 대체하는 시대가 멀지 않았다"
이며 "인간 재교육보다는 인공지능 업데이트 효용성이 크다 보
니, 인력의 필요성은 급격히 줄 것이 분명하다"고 전망한다. 이
런 상황에서 우리 어른들은 섣부른 예단으로 아이들의 앞길을
무작정 간섭하기보다는, 미래 개척의 바통을 어느 상황에서는
아이들에게 과감히 넘겨 줄 준비를 해야 하는 것도 일리가 있지
않을까?

우리 아이들을 세상 물정 모르는 어린 양으로 한사코 바라보
려고 하는 것이 어른들의 인지상정이다. 게임과 채팅을 하면서
허송세월하고 있는 것 같아 아이들을 향해 핀잔을 놓고 눈살을
찌푸리기 일쑤다. 정말 복장이 터질 때가 한두 번이 아니다. 하
지만, 우리 아이들은 속내에 숨겨 둔 고민이 많다. 가공할 변화
의 시대를 실제로 실감하며 불안해한다. 그리고 나름대로 미래
에 대한 설계를 짜면서 심지어는 대안을 마련해 보려고 애면글
면 바동거리고 있다. 그러면서 큰 벽 앞에서 속절없이 바들바들
떨기도 한다.

모든 것이 결국 공부와 성적으로 점철된 새장 속으로 아이들
을 가두었을 뿐, 진정 아이들이 잠재성과 열정의 날개를 펴고
훨훨 날아 볼 수 있는, 잠시라도 '용인될 수 있는 일탈'을 할 수

있는 짬도 주지 못하는 어른들… 겉으로 내색을 보이진 않지만 아이들은 이런 어른들의 관점에 불만과 불신, 심지어는 냉소적인 푸념을 늘어놓기도 한다. 변화의 거친 소용돌이를 죄다 느끼면서 앞으로 생존의 몸부림을 쳐야 하는 우리 아이들은 폐부 깊숙한 곳에서 어른들에, 아니 우리 사회 전체에 간절히 호소하고 싶은 응어리가 있을 것이다.

그 간절함을 향해 따스한 손길을 내밀어 주는 것, 그리고 토닥토닥 다독여 주는 것, 그러면서 믿음의 미소를 한량없이 보내 주는 것. 바로 어른들의 몫이다. 그것을 향한 진지한 첫 걸음이 바로 자유학기제다. 신체적 변화와 심리적 부적응 등 삶의 혼돈 속으로 들어온 아이들에게 따스하면서도 진심 가득한 응원을 보낼 줄 존재… 바로 부모 및 교사를 포함한 우리 어른들 모두일 수도 있다.

선행과 간섭으로 망가진
아이의 자율성

▶ "다 좋지만 공부를 못 하면 선택의 폭이 좁아져!"

진로 및 진학과 관련된 우리 아이들의 현실에는 두 가지의 답답한 선택이 놓여 있는 것 같다. 좋은 대학을 가는 것과 좋은 대학을 가지 못하는 것. 하지만 성인들의 현실에도 두 가지 선택이 놓여 있는 것 같다. 행복하게 살아가는 것과 불행하게 살아간다는 이분법 논리일까? 아니다. 어른들은 으레 "열심히 공부해! 나중에 행복하게 살래 아니면 불행하게 살래?"라고 아이들에게 다그치지만, 진정으로 어른의 삶은 그렇게 양분돼 있을까? 아니다. 행복한 삶과 불행한 삶은 무엇을 기준으로 삼는지에 따라 달라지기 때문에 온당한 구분법은 아니다. 그러면 무엇일까? 그것은 바로 역경 앞에서도 희망과 가치를 추구하면서 사는 것과 역경 앞에서 희망과 가치를 찾지 못하며 사는 것이다.

만약 좋은 대학을 가는 것이 희망과 가치를 머금은 채 살아가는 삶으로만 이어지고, 좋은 대학을 가지 못하는 것이 희망과 가치를 찾지 못한 채 살아가는 삶으로만 이어지는 단선 구조로 엮여 있다면 특별한 혜안이 필요하지도 않을 것이다. 우리가 아이들에게 볼멘소리를 하고 타박을 주면서 성적 지상주의를 외치는 것이 전부 타당할 수도 있을 것이다. 하지만 어른들인 우리는 이런 1차원 방식으로 삶이 전개되는 것만이 아니라는 것을 잘 알고 있다. 앞길을 가늠할 수 없는 지금과 같은 시대에 공부와 학력만이 만능 해결책이 아니라는 점을 어른들도 부인하지 않는다. 삶은 격자무늬처럼 복잡다단하게 얽혀 있어서 섣불리 향방을 예측할 수 없다는 점도 사실이다.

그래서 지금 절실한 것은 미래의 주인공인 우리 아이들에게 다양한 걸림돌을 경험하게 하고 스스로 가치를 찾게 하면서 복잡한 삶의 행로를 헤쳐 나가도록 응원을 하는 것이다. 비록 그 시도가 혼란일 수도 있고 현실과 괴리된 듯 보여도, 우리 아이들을 든든하게 믿어 주고 용기를 선사해 줄 수 있는 역할을 하자는 것이다. 메시Messy의 저자이면서 저널리스트인 팀 하포드 Tim Harford는 "삶에서 창의력을 발휘하고 끈질긴 회복 탄력성을 유지하기 위해서는 안정된 구도가 아니라 오히려 혼란과 시행착오를 거쳐야 한다"고 역설한다. 원하는 대학을 들어가거나 원하는 직장을 얻지 못해 갈피를 잡지 못하는 혼란도 너끈히 감당해내면서, 끈질긴 희망의 끈을 놓치지 않으려는 의욕을 더 키워나가는 것. 그러면서 융통성을 발휘해 더 이상적인 가치를 찾아낼 수 있는 준비를 천천히 갖추는 것. 그것이 우리 아이들로부터 우리가 간절히 소망하는 덕목이 돼야 하지 않을까?

하지만 현실은 녹록하지 않다. 우리 아이들의 일과를 한 번 살펴보면 가히 혀를 내두를 정도다. 많은 아이들은 가타부타 토도 달지 못하고 다람쥐 쳇바퀴 돌아가듯 학교, 학원, 숙제, 시험을 반복하고 있다. 아이들이 융통성, 회복 탄력성, 창의력을 기르도록 짬을 내는 것은 현실을 몰라도 너무 모르는 시도처럼 비춰질 수도 있다.

우리 아이들의 삶과 정신을 옭아매는 가장 큰 저해 요소를 하나 예로 들자면, 그것은 바로 선행학습이다. 아이의 성공, 즉 아이의 대입 목표를 달성하려면 '할아버지의 경제력, 엄마의 정보력, 그리고 아빠의 무관심'이라는 우리나라에만 존재하는 해괴 망측한 논리가 있다. 이 논리에 따르면 아빠는 "아이에게 허구한 날 선행학습만 시키고 문제만 풀게 하니까 스트레스를 받는 것 아니겠어? 좀 여유를 줘 봐! 다른 것도 경험하게 하면 안 되나?"라고 말하면, '역적' 취급을 받는다. 엄마의 레이더를 통해 분석하고 설정한 가공할 만한 선행 코스를 아이들은 코흘리개 시절부터 군소리 없이 따라가야 한다.

무리한 선행학습은 아이들이 자유로운 상상력과 감성 능력을 바탕으로 다양한 변수가 존재하는 탐험 공간으로 세상을 기대하는 것이 아니라, 세상이라는 공간은 정해진 틀과 속도에 어긋나면 낙오자가 되는 무섭고 삭막한 공간처럼 비춰지게 만들 수 있다. 선행학습으로 가득한 세상은 마라톤과 같다. 엄마나 학원이 페이스메이커이고 아이는 숨 막히는 속도로 특정 목표를 향해 무조건 따라 달려야 한다. 한눈을 파는 것은 언감생심 허용이 될 수 없다. 만약 우리나라 교육 현실이 독일처럼 법적 또는 사회적 공감대 차원에서 선행학습이 허용되기 힘든 구조라면, 아이들은 엄마와 아빠와 천천히 발걸음을 옮기며 삶의 이모저모를 접하고 자신을 살펴볼 수 있는 하이킹 여행자가 될 수 있을 텐데, 우리 현실은 그것을 용납하지 않는다.

'무엇이 이 나라 학생들을 똑똑하게 만드는가The Smartest Kids in the World: And How They Got That Way'를 쓴 미국의 언론인 어맨더 리플리Amanda Ripley는 교환학생 자격으로 부산의 한 고등학교로 온 미국 학생의 시각을 통해 우리 교육 현실에 대해 의

미심장한 화두를 꺼낸다. 학생들의 국제학업성취도평가PISA에서 세계 3위 안에 드는 한국의 교육을 리플리는 압력밥솥pressure cooker이라고 칭했다. 강하고 뜨겁게 밀어붙이는 압박감으로 인해 결국엔 모두가 지쳐 활력을 잃은 교실 분위기를 지적하며, 학업성취도에서의 고득점은 배움에 대한 흥미와 열정이라기보다는 무서운 경쟁이 이끈 결과라고 말한다. 그러면서, 한국의 교육 성과는 대단하긴 하지만 공부 외에 삶의 여타 의미 있는 경험과 시행착오를 겪지 못해, 아이들의 자립심과 다양성이 결여될 수도 있다고 덧붙인다.

만약 다행히 선행학습 등 공부로 점철된 그 혹독한 세월을 견디고 끝까지 달려 대학에 입학을 했다고 하면 그때부터는 행복과 자유의 세상이 드넓게 펼쳐질까? 그 무서운 속도로 고통 감내를 미덕으로 삶아 외롭고 처절하게 십수 년 동안 그렇게 살아왔는데, 세상만사가 눈에 잘 들어올까? 삶의 여정이 넉넉하고 포근하게 비춰질까? 대학에 입학해서도 엄마의 지시와 주변의 가이드가 없으면 제대로 학과 수업 선정도 못하고, 친구들과 함께 어울려 공동체 생활을 영위해 나가는 융통성도 부족한 학생들이 어디 한두 명일까? 이런 현실을 접하면 정말 우리의 미래가 암울하게 비춰질 수 있을 것이다.

스탠포드대에서 학생 카운셀링 담당관이었으며 교육 전문가로 세계적인 베스트셀러 '헬리콥터 부모가 자녀를 망친다How To Raise An Adul'를 쓴 줄리 리스콧 헤임스Julie Lythcott-Haims의 메시지는 우리에게 많은 것을 시사한다. 모든 일정과 리스트를 만들어 철저히 관리한 부모 밑에서 자란 아이들은 진짜 세상에 발을 들여 놓는 순간 자신이 도대체 무엇을 해야 하고 무엇을 개척해야 하는지를 모른다는 지적이다. 즉, 앞으로 가장 중요한 성공의 요소인 자율적인 창의력이 부족할 뿐만이 아니라, 그것을 바탕으로 한 역동적인 융합 능력도 당연히 결여될 수밖에 없다는 것이다. 우리 사회의 너무도 많은 아이들이 이런 상황에 처하게 되지 않을까?

그렇지만, 대안을 찾기 위한 시도가 있어 다행이다. 딱딱한 껍질에 둘러싸여 있는 기존 틀을 깨기 위해 꼼지락 꼼지락 태동하는 몸부림이 여기저기에서 많아지고 있어서다. 거창하게 혁명을 외치며 거리로 나서는 것은 아니다. 작은 태동을 말하는 것이다. 그것은 주변에서 "현실을 모르니까 그런 허무맹랑한 생각을 한다"라고 핀잔을 주더라도, 묵묵히 변화를 도모하는 움직임이다. 판에 박힌 듯 뫼비우스 띠처럼 돌아가는 거대한 틀을 깨고자 하는 시도가 달걀로 바위 치기처럼 부질없게 느껴지더라도 말이다. 우리 아이들에게 새롭고 희망 찬 가치를 한아름 안겨 줄 수 있다는 신념, 그리고 단단한 알을 깨기 위한 작은 시도들이 하나 둘 모인다면 더 많은 공감대가 형성될 수 있다는 희망을 안고 말이다.

우리는 더 분발하고 싶었다. 우리는 MOM교육연구소를 확대해 더욱 크게 기치를 내 걸 필요성도 절감했다. 한 해 동안의 시행착오를 바탕으로 더 본격적이면서 더 전문화된 방향으로 아이들과 동행해야 한다는 믿음에서였다. 그래서 2017년 10월 'Pave The Way'페이브더웨이라는 이름으로 다시 새로운 발걸음을 내디뎠다. 'pave'는 '길을 닦고 포장하다'는 뜻으로, '페이브더웨이'는 '길을 닦다'라는 기본적인 의미에서 출발해 '미래를 개척하다'는 함의를 갖고 있다.

자유학기제를 모티브로 태동해 많은 땀과 눈물을 흘리며 아이들과 부모님들이 변화하는 모습을 보면서, 우리도 변화를 해야 했다. 그동안의 도전, 시행착오, 성과 등의 모든 과정이 주마등처럼 스쳐가면서 추억이 됐지만, 시시각각 변하는 현실을 바탕으로 더 큰 미래의 비전을 짜야 했다. 조직의 이름과 프로그램에 변화를 주면서 잠시 숨을 고르긴 했어도, 더 큰 희망과 변화를 위해 우리는 더 큰 망치를 들고 또 다시 일어서야 했다. 과도한 선행, 부모의 간섭, 과잉보호 등으로 잔뜩 움츠리고 눈치만 보는 아이들에게 더 넓고 더 다채로운 세상, 아이들이 주인 공이 될 수 있는 그런 세상을 보여 주겠다는 목표는 그대로였다. 하지만, 우리의 비전은 변하고 있었다. 더 크게 탈바꿈하고 있었다.

플랜 A가 아니면
플랜 B로 옮겨 볼까?

▶ 많은 교육 전문가들은 아이들이 그 나이에 걸맞은 다양한 경험을 할 수 있도록 이상적인 환경 조성을 해야 한다고 입을 모은다. 아이의 성장을 위한 과학적 생각들The Nurture Effect을 쓴 미국 오리건 연구소의 앤서니 비글런Anthony Biglan은 가족의 따스한 사랑을 느끼게 하고 가치 있는 변화를 유도하는 최적의 환경을 조성해 행동 변화를 자극하면, 아이들은 긍정적인 결과를 확인하고 자신감을 얻는 과정을 통해 성장한다고 말한다. 아이에게 주도적인 결정권을 주자는 주장도 곁들인다.

지금 우리 아이들에게 정말 필요한 요소다. 초등학교 입학과 동시에 시작되는 선행학습에 대한 압박감, 성적 지상주의가 불러온 불안감과 좌절감, 경쟁 속에서 비교를 당하고 남들과 같은 보폭으로 헐레벌떡 나아가다 결국 봉착하는 정체성 부재, 그리고 목표와 꿈 상실. 온통 아이들을 이렇게 몰아가면서 많은 부모들은 "우리 아이는 꿈이 없는 것 같다" "우리 아이는 창의력과 의욕이 전혀 없다"라며 푸념을 늘어놓는다.

그러면서 학원을 탓하거나, 학원 강사의 역량에 대해 왈가왈부하거나, 친구에게 비난의 화살을 돌리면서, 결국엔 기존의 틀 안에서 변화를 주려고 한다. 아이가 몸부림치는 그 틀 안에서 무엇인가 해결책을 찾아보려고 한다. 그 틀을 벗어나면 상상치 못할 결과가 기다릴 것이라는 두려움 때문이다. 옛 사람들이 지구는 평평하고 계속 가다 보면 수직으로 떨어져 괴물에 잡혀 먹힐 것이라고 맹신했던 것처럼, 절대로 그 틀에서 벗어나지 않으려고 한다. 자유학기제라고 해서 이런 사고방식이 변하지 않는다. 오히려 더 심해지면 심해졌지 누그러지지 않는다.

이성 관계에서 양쪽이 아무리 노력해도 서로 사랑을 확인하지 못할 땐 결국 헤어진다. 그리고 서로 다른 대안을상대를 물색한다. 간절한 목표, 즉 사랑을 위해서다. 기업은 특정 사업에서 수익 창출을 기대하지 못할 땐 과감히 정리한다. 그리고 다른 대안을사업을 찾는다. 간절한 목표, 즉 수익창출을 위해서다. 그렇다면 왜 우리 아이들의 현실은 이런 단순한 논리가 통하기 힘든 것일까? 다시 말해 "A 방식으로 우리 아이가 희망을 머금고 꿈을 향해 나아가는 것이 제대로 안 될 땐 그 방식을 버린다. 그리고 다른 대안을 다른 방식들을 물색한다. 간절한 목표, 즉 우리 아이가 희망을 머금고 꿈을 향해 나아가기 위해서다"라는 논리는 얼토당토않은 비약에 불과한 것일까?

예를 들어, A 방식이 마냥 공부와 성적으로 아이를 설득하고 밀어붙이는 것이고, 그 방식으로 아이는 아무런 목표도 꿈도 없이 허송세월을 하고 있다고 가정해 보자. 다른 대안 B 방식은 우회적인 방식으로써, 체험의 기회를 주고 다른 방식의 삶을 살고 있는 누군가를 만나 보게 하고 자신의 생각을 마음껏 표출하게 해서 진정한 자아 발견을 통해 학습의 의의와 가치를 찾는 것이라고 하자. 우리 교육 현실에서 거의 대부분은 A 방식을 고집스레 고수한다. 아이가 아무리 괴로워하고 꿈을 상실하고 의욕이 바닥을 쳐도 그래도 A 방식이다. 그리고 너무도 많은 부모와 아이가 좌절하고 상심한다. 만약 방향 전환을 하지 않는 상황이 이성 관계라면, 그들의 삶은 우울증 등으로 인해 피폐해질 것이다. 만약 기업이라면, 얼마 가지 않아 파산에 직면할 것이다.

그래서 플랜 B로 과감히 옮겨 타보는 것도 일리가 있다. 공부와 성적과 경쟁이 아닌 삶의 다른 면모에 접하면서, 다양한 경험을 통해 자신의 끼와 적성을 찾고 꿈을 되찾아 보기 위해서

다. 학업을 뒷전으로 내팽개치고 아이로 하여금 다른 활동만을 하게 하자는 의미는 아니다. 병행의 묘를 살리면서 시너지 효과를 도모해 보자는 것이다. 펜실베니아대 와튼 스쿨 애덤 그랜트 Adam Grant 조직심리학과 교수는 저서 오리지널스Originals에서 "창업에 도전할 때 모든 자원과 역량을 한꺼번에 모조리 투자하는 것보다, 기존에 하고 있던 일을 바탕으로 위험성을 최소로 줄여 점진적인 변화를 추구해야 한다"고 강조하면서, 무엇이든 병행의 묘를 살릴 수 있다고 말한다. 아이의 경우, 공부를 기본 토대로 해서 다양한 경험들을 징검다리로 삼아 오고 갈수 있을 것이다. 만약 더 먼 곳에서 꿈과 비전을 찾았고 공부라는 토대를 더 튼튼히 다진 후 점프해야 할 필요성을 실감했다면, 토대 구축에 더 심혈을 기울일 것이다.

하지만 아이의 경험 폭을 늘려 보고자 할 때 장벽이 가로막고 있다. 그런 시도를 하려면 특별한 계획이 마련돼야 하거나, 안 그래도 바쁜 시간을 다시 쪼개 다른 스케줄이 비집고 들어가게 해야 하거나, 상당한 금전적 부담을 감수해야 한다는 등의 선입견이다. 주기적으로 일단 시간을 별도로 떼 놓아 보자는 시도는 학원 스케줄을 조정해야 하는 무리수를 둬야 하는 경우가 많다. 자연히 부모와 아이가 옥신각신 얼굴을 붉히기 십상이다.

아무리 부모들이 방향 전환을 통해 아이가 의욕과 꿈을 갖도록 하겠다고 해도 더 큰 문제들이 버티고 있다. 첫째, 아이들의 체험은 대부분 일회성 단막극으로 끝나고, 그것으로부터 의미와 가치를 끄집어내는 경우가 거의 없다는 점이다. 만약 '화천 산천어 축제'에서 천신만고 끝에 산천어 몇 마리를 잡았다면 그 짜릿한 순간이 추억으로 아로새겨졌다는 것으로 끝이다. 부모들은 집으로 돌아오자마자 아이에게 "자, 이제 놀았으니 학원 보강 숙제를 해야지"라며 다시 현실로 돌아온다. 더러는 "오늘 축제에 갔다 온 것을 일기에 써야지"라고 하지만, 설령 썼다고 하더라도 아이는 이미 일기마저도 숙제로 여긴다. 그리고 그 내용은 독백으로 조용히 종이 위에 스며든 채 소통되지도 못한다. 의미와 가치가 자리 잡을 여유는 사라지고 만다.

만약 부모가 "사람들이 이렇게 추운 날씨에 먼 거리를 달려 구름떼처럼 몰려드는 이유는 무엇일까? 만약 손재주가 좋은 우리 딸이 아이디어 상품을 만들었다고 치자. 사람들이 떼로 몰려와 사게 하는 방법은 무엇일까?"라고 한다면 어떤 차이가 있을까? 그런 시도는 딸의 특기와 체험을 융합해 의미와 가치를 생성하는 것이다. 또 아빠가 "내가 아는 후배가 미대를 졸업해 지금은 온라인 쇼핑몰을 운영하고 있는데, 정말 잘 된다고 하더

라. 한 번 만나 보자. 무슨 아이디어로 그렇게 잘 되는지 아빠도 궁금하다"라고 또 연결 고리를 이어 주면 아이의 호기심을 한 차원 더 자극하는 것이다.

그런 과정을 거친 뒤 엄마가 "산천어 체험도 하고 온라인 쇼핑몰 운영 전문가도 만났는데, 청소년 창업 아이디어 사이트에 네가 느끼고 배운 점을 포스팅하면 어떨까?"라고 한다면, 자신이 얻어낸 의미와 가치를 남과 소통하고 공유할 수 있도록 자극을 주는 것이다. 실제로 이런 과정이 다 이뤄진다면, 그 아이는 지역 축제로부터 값으로 헤아릴 수 없는 삶의 경험과 지혜, 소통의 미덕, 그리고 자신의 잠재된 끼와 역량까지 덤으로 발견해 낼 수도 있을 것이다.

영국 옥스퍼드대 브룩스 국제센터 연구원인 마이클 바스카 Michael Bhaskar는 저서 '큐레이션Curation'에서 다양한 의미를 지닌 상황들을 선택해 새로운 조합 과정을 거쳐 의미를 재창출하는 큐레이션 능력이야말로, 지금 시대에 필수 불가결한 요소라고 단언한다. 우리의 아이들이 본격적으로 생존을 위해 살아가야 할 시대에는 단편적인 지식과 정보만으로는 도태될 수밖에 없다. 최근 융복합 능력과 가치 창출 능력이 화두인 현실에서, 지금 우리나라 아이들 중 이런 역량을 평소에 조금씩이라도 기르고 있는 아이들은 과연 몇 명이나 될까?

만약 두 부모가 있다고 가정해 보자. 부모 A는 "나는 주말을 이용해 지역 축제, 박람회, 전시회, 특별 이벤트에 아이를 데리고 가는데, 일 년에 열 번 이상 그렇게 많은 체험 기회를 준다"라고 하고, 부모 B는 "나는 일 년에 아이와 박람회와 전시회를 딱 두 번 가는데, 가기 전에 관련 책을 읽고 갔다 온 후엔 체험카페에 느낀 점을 포스팅한다"라고 하자. 어떤 아이가 더 많은 가치를 생산해 낼까? 대부분의 경우 부모 B의 아이가 체험으로부터 더 양질의 가치를 창출한다.

부모 B의 아이처럼 체험과 더불어 체험 전후로 관련 독서를 하고, 부모와 멘토들과 대화를 통해 더 다양한 시각을 공유하고, 모든 요소를 조합해 의미와 가치를 담아 자신의 생각을 글로 남긴다면, 그 경험으로 아이는 더 훌쩍 성장할 수 있다. 그런 과정에 대해 주변에서 그 가치를 평가해 주고 칭찬을 더해주면, 아이는 비록 짧은 체험이지만 그것으로부터 긍정적인 결과를 확인하고 자신감을 얻게 된다. 만약 평소 학업에서 소기의 성과를 거두지 못해 자신감과 의욕을 상실한 경우라면, 공부가 아닌 다른 방향에서 아이의 자존감을 살려 주고 동기를 부여해 줄 수 있는 것이다.

체험은 반드시 거창하고 널리 알려진 것일 필요는 없다. 만약 돌아다니는 것을 싫어하고 조용히 앉아 만드는 것을 좋아하는 아이의 경우, 대규모 여행 박람회를 데려가는 것보다 자그마한 프라모델프라스틱 모델 전시회 등을 데려가는 것이 훨씬 효과적이다. 부모는 방구석에서 로봇 모델이나 만드는 것보다는 더 큰 세상을 보고 배우는 것이 훨씬 유익하다고 생각할 것이다. 하지만 가치를 어떻게 창출하는지가 중요하다. 요즘 같이 세계적으로 '키덜트kidult', 즉 성인이지만 아이들의 취향을 갖고 있는 소비자층도 확대되고 있는 상황에서, 아이와 성인도 모두 즐길 수 있는 완구 등을 고안하고, 관련 책과 비디오를 보면서 마음껏 상상할 수 있도록 하는 것도 좋은 방법이다. 여력이 된다면 그쪽 방향 전문가와 만나도록 기회를 마련해 준다면 더 참신한 자극을 줄 수 있다는 점에서 그야말로 금상첨화다.

여기서 현실적인 고민이 있다. 아무리 다채로운 체험의 가치를 인정하더라도 많은 부모들은 "다 좋다. 하지만 현실은 현실이다. 학원 숙제가 얼마나 많은데, 그런 활동을 자주 하다 보면 스케줄이 다 망가진다. 보강은 언제 하나? 그런 것 다 하다가 다른 아이들보다 학습 진도가 뒤처지기라도 한다면 뒷감당이 안 된다"며 혀를 내두른다. 일부 융통성이 부족한 부모들은

"뭣 하러 잡다한 체험을 다 해. 그런 것 한다고 내신에 들어가는 것도 아닌데. 하더라도 일단 내신에 들어가는 교내 대회나 봉사 활동 등에 집중하는 것이 상책"이라고 훈수를 둘 것이다.

충격적인 사례도 있다. 최근 우리 연구원이 코칭을 하고 있는 한 초등학생의 이야기다. 학원에 다니지 않고도 과학에 대한 엄청난 재능과 흥미를 바탕으로, 수없이 많은 관련 독서와 체험을 해 왔고 모 과학 토론대회에서 두각을 나타내, 국가대표 자격으로 해외 탐방 기회를 갖게 됐다. 한데 주변 다른 부모들이 "지금 한 순간 한 순간이 수학 선행학습에 집중해야 할 때인데, 스펙 관리에도 별반 도움이 되지 않는 활동을 왜 가느냐"며 해외 체험을 극구 말렸다고 한다. 진정한 아이의 성장을 감안할 때 이보다 근시안적인 접근법은 없을 것이다.

영어에 'out of the box'라는 표현이 있다. box는 기존의 식상한 틀을 말한다. 따라서 'out of the box'는 '타성에 젖어 있는 삶의 영역에서 벗어나는 것'을 의미한다. 오로지 성적과 내신과 수능에만 갇혀 있는 우리 사회의 편벽된 시각, 부모가 먼저 자그마한 변화를 시도해보려고 해도 또 다시 족쇄를 채우는 학원들의 무시무시한 공포 마케팅, 지쳐 있고 주눅 들어 있고 꿈을 상실한 아이들에게 '그냥 꾹 참고 공부 하자'는 말을 금과옥조로 여기는 고루한 사고방식도 모두 단단한 box 다. 석회석처럼 굳어 버린 두꺼운 껍질이다.

누군가가 그것을 두드려야 한다. 두드려서 안 되면 망치라도 들어야 한다. 안에서 바동거리는 우리 아이들이 조금 더 힘을 내고 진짜 세상으로 깨어날 수 있도록 더 과감하게 껍질을 두드릴 필요가 있을 땐 누군가가 그렇게 해야 한다. 플랜 A가 아닐 땐 플랜 B로 돌아서야 한다고 외쳐야 한다. 자유학기제는 그래서 자유롭고 마음이 편하다. 플랜 A와 플랜 B가 나뉘는 절체절명의 경계에 직면한 시기도 아니다. 아이의 미래 방향을 확실히 가늠해야 할 때도 아니다. 아이에게 플랜 A, B, C, D, 아니 그 이상의 영역도 모두 간접적으로나마 경험해 보도록 하면 어떨까? 자유학기제가 바로 그런 의미를 지녔으니 말이다.

애들아, 40년 전을 회상해 봐!

▶ 2017년 10월 19일 서울 서초구 호서대벤처대학원 세미나실. 마치 타임머신을 타고 시간 여행을 하는 것 같은 착각이 들정도로 세미나실은 시공간을 초월한 아이들의 입담으로 벅적벅적했다. 이날은 한 해를 정리하는 마지막 체험학습이었다. 체험의 핵심 프로그램은 인터뷰였다. 인터뷰 대상은 다름이 아니라바로 '자기 자신'이었고, 주제는 '40년 후 나와의 인터뷰'였다.

우리는 1년 동안 간난신고와 시행착오를 거치며 아이들과 거센 파도를 헤쳐 왔다. 자신의 적성과 끼를 돛으로 삼아 보물섬, 즉 꿈을 찾기 위한 험난한 여정이었다. 해도海圖는 없었다. 배도작아 말 그대로 일엽편주였다. 처음에는 우리가 배의 선장 역할을 잠시 맡기도 했다. 하지만, 여정의 주인공인 아이들이 결국선장이 됐고, 함께 동승한 우리 연구원들은 항해사가 됐다. 항해사도 정확한 바닷길은 알 수 없었지만 달과 해와 별의 위치, 즉 삶의 경험과 지혜를 선장인 아이들에게 전했다. 보물섬에 도달하기 위해서는 앞으로 갈 길이 멀다는 것은 우리 모두가 알고 있었다. 그래도 보물섬의 모습을 상상해 보고 싶었다. 그래서 미래의 자신과 인터뷰를 하고, 인터뷰 기사를 작성한 후에는 부모님들, 연구원들, 다른 아이들 앞에서 발표를 하기로 했다.

인터뷰 질문은 여섯 가지였다. 첫째, 지금 어떤 일을 하고 있나요? 둘째, 현재 성공의 바탕은 무엇이었나요? 셋째, 지금까지 인생에서 가장 큰 역경은 무엇이었나요? 넷째, 그 역경을 극복하기 위한 과정과 노력은 무엇이었나요? 다섯째, 40년 전으로 돌아갈 수 있다면 과거의 자신에게 무슨 말을 해 주고 싶나요? 여섯째, 40년 전으로 돌아갈 수 있다면 과거의 부모님에게 전하고 싶은 말은 무엇이죠?

희미하게 잘 보이지 않는 목표를 향해 앞으로 40년의 여정을 어떻게 헤쳐 나갈 것인지를 묻는 것이 아니라, 일단 구체적인 목표에 도달했다고 치고 과연 40년의 여정을 어떻게 거쳐 왔는지를 묻는 역행 원리를 적용해 본 것이다. 자신의 적성을 분명히 파악하고 간절한 꿈을 갖고 있는 아이들은 기발한 상상력과 염원을 담아 인터뷰를 쭉쭉 써 내려간다. 하지만, 그렇지 못한 경우엔, 인터뷰 질문에 대해 단 한 줄도 쓰지 못해 쩔쩔매는 경우가 대부분이다.

처음엔 우리 아이들도 애를 먹긴 했지만, 현재와 미래를 오가며 자신의 인생 스토리를 그럴 듯하게 만들기 시작했다. 연우는 컴퓨터가 인식할 수 있는 언어를 사용해 필요한 명령체계나 시스템을 누구든 활용하게 돕는 전문 프로그래머가 돼 있었다. 사업 초기에 침투한 악성 버그 때문에 휘청거리기도 했지만, 절대 포기하지 않고 난관에 맞섰기 때문에 성공을 거둘 수 있었다. 예슬이는 어엿한 초등학교 선생님이 돼 있었다. 40년 전으로 돌아갈 수 있다면, 책을 통해 지혜와 사랑의 중요성을 일깨우라고 수없이 강조했던 엄마를 꼭 껴안을 것이라고 했다. 건우는 대학에서 광고홍보를 전공한 뒤 방송국 PD를 거쳐 광고마케팅 전문가로 유명세를 떨치고 있었다. 트렌드 파악과 기발한 아이디어가 생명이므로, 항상 메모를 하는 습관이 성공의 토대가 됐다고 회상했다. 서현이는 시간 이동 기술을 이용해 시공을 오가면서 인간의 근원적인 고민과 우려를 해소해 주는 심리 상담센터를 운영하면서 상담 업계의 신기원을 창조했다.

저마다 집 근처 고등학교나 유명한 자사고, 감히 상상조차 허락할 것 같지 않은 국내 명문대와 미국 아이비리그 대학교 등을 졸업했다. 많은 경우, 다른 사람들이 핀잔을 놓고 비아냥거려도 아랑곳하지 않으면서 그 어떤 험난한 역경도 꿋꿋하게 극복했다. 자신이 진정으로 원하는 것을 향해 부단한 노력으로 삶을 살아왔다. 40년 전 자식이 잘 되도록 헌신한 엄마를 너무도 그리워했다. 나이는 55살 남짓에, 의학 발달로 인해 여전히 젊음의 열정을 불태웠다.

언뜻 보아 이런 시도는 치기 어린 말장난처럼 비춰질 수 있을 것이다. 하지만 무턱대고 "우리 아이가 꿈이 없는 것 같아 답답하기만 하다"고 넋두리를 늘어놓는 대신, 아이들의 간절한 희망 그리고 순수한 상상을 단 한 번이라도 진지하게 귀 기울여 들어 보는 것은 어떨까? 어린 아이들이 수 개념을 쩔쩔매고 부모들이 노심초사할 때 전문가들은 "숫자를 추상적인 문자 방식으로 인식하는 것이 아니라, 이미지로 상상할 수 있게 자극하라"고 조언한다. 그래서 아라비아 숫자로부터 출발하는 것이 아니라 동전이나 구슬 등 구체적 사물들의 개수나 형태를 보여주면서, 거꾸로 추상적인 숫자로 연계하는 방법을 쓰는 것이다.

아이들의 꿈과 목표도 마찬가지다. 아예 역발상으로 간절한 꿈의 종착역 모습을 구체적인 모습과 이미지로 그려 보게 하는 것이다. 그리고 아이들의 현실, 즉 구체적 결과에 이르는 연결고리라고 할 수 있는 공부와 생활 태도와 마음가짐 등과 이어 보도록 하는 것이다. 물론 이런 과정은 혼자만 간직하는 것이 아니라 발표 등을 통해 주변과 공유해야 한다. 그래야 말과 글을 매개로 표출하는 과정을 통해 추상적 관념에 틀이 만들어지고, 비로소 그 이미지는 모든 사람들이 다 함께 그려 볼 수 있기 때문이다. 다시 말해, 이를 통해 아이들은 부모, 선생님, 멘토들에게 자신의 꿈을 멋들어지게 세울 수 있는 비계scaffold를 제공해 주는 것이다. 건축물을 지을 때 작업자들이 디디고 서서 일을 할 수 있도록 나무판자나 쇠파이프 등을 얽어 만든 널판이 비계이므로, 이제 아이의 꿈이 커질 수 있도록 아이는 물론이고 주변의 많은 조력자들이 함께 그 꿈을 만드는데 동참할 수 있게 된다.

TED의 총괄 큐레이터 크리스 앤더슨Chris Anderson은 "강연이나 발표를 하는 주인공은 표현을 통해 생각의 점들을 전달하고, 그 점들을 공유하는 모든 사람들의 뇌에는 아이디어의 '거대한 결정체'가 만들어진다"고 말한다. 그것을 통해 소통이 되고 더 거대한 생각의 네트워크가 형성된다는 설명이다.

그렇다면 우리 아이들, 부모들, 선생님들의 머릿속에는 어떤 생각이 공유되고 있을까? 대부분의 우리 머릿속에 그려지는 점들은 단 몇 개에 불과하다. '선행' '내신' '등급' '수능' '지원 가능 대학' 등이 그것일 것이다. 이것으로 진정한 결정체를 형성할 수 있을까? 지금 우리 현실에서는 이 점들로 이어진 두 개의 결정체들만이 존재하는 것 같다. 하나는 작고 희미한 결정체원하는 대학을 가지 못해 맞닥뜨리는 결과이고, 다른 하나는 크고 밝은 결정체원하는 대학에 가게 돼 향유하는 결과다. 이렇게 이분법적인 두 개의 결정체들만이 그려지는 듯 보인다. 저기 어딘가에 북극성처럼 아이의 희망을 끌어당기는 꿈의 점이 있고, 앞으로 펼쳐질 세상의 무한한 가능성의 점들이 연결돼 더 커다랗고 휘황찬란한 결정체가 만들어질 수 있음에도 말이다.

그런 결정체를 그리지 못하는 이유가 있다. 성적의점수의 점뿐만 아니라, 아이가 지닌 꿈의 점, 적성과 특기의 점, 미래 사회가 필요로 하는 점, 기술적인 혁신이 뿌려놓을 점 등에 대한 정보와 혜안이 모두들 부족하기 때문이다. 그래서 불과 몇 년 후의 결정체에 대해서 왈가왈부할 뿐이지, 40년 후 펼쳐질 결정체는 그려지지 않는 것이다. 그래서 우리는 생각했다. 우리가 의미 있는 점들이 되기는 힘들겠지만, 아이들의 꿈과 희망의 점들이 더 역동적으로 엮어질 수 있도록 연결 고리 역할을 해야 하겠다는 욕심이었다.

그날 현장에 있었던 아이들에게 우리는 오히려 고마운 마음을 전달하고 싶었다. 아이들의 가감 없는 상상력 속에서 다채롭게 이어지는 점들의 역동성은, 오히려 우리 연구원들이 꿈꾸고 소망했던 점들을 발견하게 해 줬기 때문이다. 이날 마지막 체험학습에서 우리는 모두가 의미 있게 공유할 수 있는 거대한 결정체를 찾아냈다. 그리고 삶을 더 크게 바라볼 수 있었다.

그래서 생각했다. 자유학기제 기간 동안 형식적으로 아이들로 하여금 꿈을 적게 하거나 꿈 지도를 그리게 하는 것만으로는, 진짜 설레는 꿈을 꾸게 할 순 없다는 것은 분명했다. 프로그램 지침서를 곧이곧대로 따른다고 해서 아이들의 꿈 화산이 거침없이 분출하는 것도 아니다. 학교에서 선생님들도 기존의 방식을 답습하거나 다른 곳의 프로그램을 모방하는 것만으로 자유학기제 기간 동안의 소임을 다했다고 손을 털면 곤란하다.

시공을 초월하든 역할을 바꾸든 통념을 깨든, 되도록 참신한 아이디어를 짜내기 위해 학교 선생님들도 더 많은 궁리를 하면 좋겠다. 요즘 교육의 화두 중의 하나가 있다. 공부든 일이든 재미있게 즐기면서 가치를 터득하자는 '게임화gamification' 또는 '게임기반 학습Game-based learning'이 바로 그것이다. 우리가 시도한 '40년 후 나와의 인터뷰'는 '게임화'라고 부를 순 없겠지만, '타임머신을 타고 미래의 나와 나누는 꿈 수수께끼'처럼 정말 게임 개념을 바탕으로 만들어낼 수 있는 꿈 찾기 프로그램들은 무궁무진할 것이다.

최근 우리가 서울과 경기도의 중학교 및 고등학교 자율동아리 학생들을 대상으로 '40년 후 나와의 인터뷰'를 작성해 발표하도록 했을 때, 학생들이 쓴 내용을 보고 우리는 깜짝 놀랐다. 학교에서 자주 쓰이는 꿈 설계 등을 작성할 때, 학생들은 보통 각 리스트 칸에 한두 줄 정도씩 쓴 뒤 펜을 내려놓는다. 단편적인 나열식이라서 재미가 없어서다. 하지만 '40년 후 나와의 인터뷰'는 마치 수필과 소설을 쓰듯 칸을 넘어 글을 이어가는 경우가 많았다. 고등학교 2학년인 한 남학생은 '40년 전으로 돌아갈 수 있다면 과거의 자신에게 무슨 말을 해 주고 싶냐'는 질문에 "울 때는 실컷 울어라. 하지만 눈물을 닦은 뒤엔 꼭 파란 하늘을 봐라'고 말하겠다"고 썼다. 자신의 상황에 대한 성찰이면서 극복 의지를 나타낸 것이다. 이 프로그램에 참여한 대부분의 아이들은 미래를 꿈꾸면서, 동시에 현실의 자신을 사랑하고 아낌없는 응원을 보냈다.

이처럼 학교에서의 자유학기제도 전달식 수업이나 단순 방문 체험 등이 아니라, 재미 넘치고 호기심을 자극하는 프로그램을 통해 아이들 스스로가 주인공이 될 수 있도록 진행되면 어떨까? 예를 들어, 특정 강연자를 초빙해 아이들이 수동적으로 앉아서 듣게 하는 방식만을 고집하는 것이 아니라, 아이들이 직업 탐구 게임 등을 통해 특정 직업의 요모조모를 간접적으로나마 체험하게 해 주면 어떨까?

실제로 우리는 이를 위해 또 하나의 도전에 착수했다. '게임 기반 학습'의 효과에 큰 기대를 걸고, 직업 및 적성 탐구, 경제, 환경, 역사, 지리, 외국어 등 다양한 분야를 보드게임 방식으로 체험해 보는 프로그램이다. 의자에 둘러앉아 할 수 있는 교구 활동도 병행하고는 있지만, 교실이나 체육관 등의 바닥에 대형 보드게임 이미지를 만들어 아이들이 주인공으로 참여하는 것을 주된 특징으로 하고 있다. 직접 걷고 뛰고 협상하고 거래하고 양보하는 등 현실의 다양한 활동들을 통해, 아이들은 궁리도 하고 땀을 흘리지만 결국엔 한바탕 웃고 마음껏 즐길 수 있는 프로그램이다. 그러면서 미래의 직업을 상상하고 자신을 과감히 투영하게 된다.

2018년 4월 29일 일요일에 열린 '웃고 뛰면서 배우는 경제의 모든 것' 체험 프로그램은 시종 아이들의 웃음과 땀으로 넘쳐흘렀다. 우리는 40여 평의 체험센터 바닥에 24개의 칸을 만들었다. 아이들은 가위 바위 보와 주사위 던지기를 하고, 실컷 뛰면서 경제의 이모저모를 경험했다. 중학교 1~2학년이라서 아직 경제를 자세히 모를 나이이지만, 아이들은 회사를 설립하고, 부동산을 매입하고, 주식 투자를 하고, 보험과 저축을 활용하고, 기부를 하면서 이미 경제 시스템의 어엿한 구성원이 된 듯 보였다. 아이들은 이날 체험학습에 초청된 금융 전문가로부터 세세한 피드백도 받았다. 아예 경제 전문가가 된 듯 자신감 넘치는 표정을 짓는 아이들도 여럿이었다.

자유학기제에 임하는 우리 모두가 다시 한 번 되새겨야 할 것이 있다. 아이들은 지루함이 아니라 재미를 찾는다. 고리타분함이 아니라 참신함에 끌린다. 눈물이 아니라 땀을 흘리고 싶어 한다. 강연이나 프로그램에 수동적으로 참여하는 대상이 아니라 주인공이 되고 싶어 한다. 그것은 본능이다. 학교나 학원이 아이들의 이런 본능을 무시하고, 자유학기제 기간 동안에도 과거의 천편일률적인 패턴을 그대로 답습하며 아이들을 틀 속에 계속 가두려고 한다면, 그것은 '속박학기제'라고 해야 할 것이다. 미래의 아이들에게 절실한 것은 속박이 아니라 자유다. 자유학기제 동안만이라도 진짜 자유를 느끼게 해야 하는 이유다.

▲ 도서관체험에서 책을 추천하며

▲ 도서관 책 사냥에 성공하고 나서

▲ 대법원 체험에서 모형을 보며

▲ 전문가 인터뷰를 마치고 나서

▲ 체험 보고서 작성을 위한 강연

▲ 체험 보고서를 직접 작성하며

▲ 게임을 통한 경제체험 현장에서

▲ 경제체험 멘토와 함께 전략 짜기

자녀 교육에 도움 되는 TED 강연 'Top 10'

1. 부모의 과도한 간섭 없이 성공하는 아이를 어떻게 키울 수 있을까
_ 줄리 리스콧 헤임스

How to raise successful kids - without over - parenting _ Julie Lythcott - Haims

▶ 아이에게 청소를 시키고, 시행착오를 겪게 하고, 자유시간을 주고 싶게 만드는 TED

2. 더 발전할 수 있다는 믿음의 힘 _ 캐롤 드웩

The power of believing that you can improve _ Carol Dweck

▶ 아이 성적이 나빠도 마음이 편해지고 오히려 아이의 등을 토닥토닥 두드려 주고 싶은 TED

3. 그릿: 열정과 끈기의 힘 _ 앤절라 리 더크워스

Grit : The power of passion and perseverance _ Angela Lee Duckworth

▶ 아이의 현재 상황에 일희일비하지 않고 성장 가능성에 더 무게를 두고 싶게 만드는 TED

4. 왜 어떤 사람들에게는 천직이 없는 걸까 _ 에밀리에 왑니크

Why some of us don't have one true calling _ Emilie Wapnick

▶ 아이에게 미래의 구체적인 꿈을 묻는 대신, 하고 싶은 모든 것들을 묻고 싶게 만드는 TED

5. 진정한 존재를 만들어낼 수 있는 바디랭귀지 _ 에이미 커디
Your body language may shape who you are _ Amy Cuddy

▶ 아이와 함께 허리를 펴고 팔을 높이 들어 올린 채 보름달 같은 미소를 짓고 싶게 만드는 TED

6. 자식에게 행복을 선사하고자 하는 시도가 부모에게 주는 커다란 부담 _ 제니퍼 시니어
For parents, happiness is a very high bar _ Jennifer Senior

▶ 자식의 미래를 위한 간절하고 고통스러운 헌신이 정답은 아니라는 것을 일깨워 주는 TED

7. 완벽한 이력서 없이도 최고의 직원이 될 수 있는 이유 _ 러지나 하틀리
Why the best hire might not have the perfect résumé _ Regina Hartley

▶ 아이가 최고의 가문과 최고의 학벌 조건에 해당되지 않아도 기죽지 않게 만드는 TED

8. 인간 발달에 대한 최장 연구로부터 얻을 수 있는 교훈 _ 헬런 피어슨
Lessons from the longest study on human development _ Helen Pearson

▶ 아이들의 밝은 미래를 위해 우리 사회와 부모들이 해야 할 역할을 깨닫게 하는 TED

9. 용감한 딸로 기르고 싶다면 모험을 하도록 용기를 줘라 _ 캐롤라인 폴
To raise brave girls, encourage adventure _ Caroline Paul

▶ 애지중지 키우는 우리 딸에게 무엇인가 짜릿한 모험과 도전의 기회를 주고 싶게 만드는 TED

10. 좌절과 실망이 우리를 어떻게 더 창의력 넘치게 만들어 줄까 _
팀 하포드

How frustration can make us more creative _ Tim Harford

▶ 체계적이지 않고 정돈되지 않은 듯 보이는 우리 아이로부터 큰 희망을 느끼게 해 주는 TED

part 6.

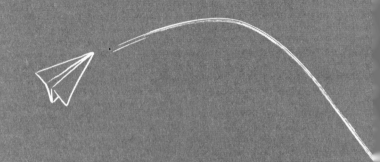

자유학기제
그 후를 향해

맘껏 상상하고,
실컷 체험하고

미래 세상을 선행학습하자

▶ 마셜 밴 앨스타Marshall W. Van Alstyine, 상지트 폴 초더리 Sangeet paul Choudary, 제프리 파Geoffrey G. Parker는 저서 '플랫폼 레볼루션Platform Revolution'에서 앞으로 경제 및 사회 시스템은 수요자와 공급자를 잇는 플랫폼 비즈니스 형태로 더욱 빠르게 변모할 것이라고 예측한다. 물론 숙박시설로 개조된 집과 여행 객을 연결하는 에어비앤비Airbnb, 운전 기사와 승객을 연결하는 우버Uber 등이 대표적이기는 하지만, 이런 개념을 응용하면 수 많은 상황에서 플랫폼 형성이 가능하고 아이들의 미래 개척에 도 충분히 적용할 수 있다.

우리가 우리의 모습을 'Pave The Way페이브더웨이'로 탈바꿈 한 것도 그런 연유에서다. 아이의 현실이 한 점이고, 아이의 꿈 과 목표는 또 다른 점이고, 무한한 사회적 경제적 가능성들이 또 다른 점들이라고 봤을 때, 우리는 그 점들이 이어질 수 있도록 아이들과 함께 길을 내는 중간자 역할일 것이라고 확신했다. 그 모든 여정을 모두와 공유하고 최선의 지혜를 모아가야 하는 것은 당연한 것이었다.

이를 위해 우리는 우선적으로 구성을 재편했다. 그동안 '연구원'이라는 호칭으로 아이들과 격의 없이 함께 했던 우리의 역할을 세분화했다. 20년 넘게 진로진학 전문가로서 MOM교육연구소 소장을 맡고 있는 최현경 소장은 CEO로 이름을 올렸다. CEO는 기업 용어로 Chief Executive Officer 최고 경영책임자이지만 '페이브더웨이'에서는 Chief Education Officer, 즉 '최고 교육책임자' 역할을 맡게 됐다. 또한 영어 · 중국어 · 일본어 3개 외국어 한국 관광통역안내사이면서 TED 특강을 맡아 온 김준 연구원은 CFO의 직함을 달게 됐다. CFO는 기업에서 Chief Financial officer 최고 자금책임자이지만 Chief Future Officer, 즉 '최고 미래책임자'로 새로운 미션이 주어졌다.

이들 두 명이 아이들 미래 개척을 향한 총괄 관리 책임을 지며, 기존의 연구원들은 독서, 논술, 역사, 미술, 음악, 미디어, 코딩 등 각자의 전문 분야에서 코칭 전문가 그룹Coaching Expert Group 멤버로 다시 새롭게 출발했다. 그러면서 우리는 아이들이 꿈을 머금고 시야를 넓히는 과정에 과감히 동참할 의향이 있는 각 분야의 전문가들과도 본격적인 접촉에 나서기 시작했다.

솔직히 주변에서는 우리가 나아가는 지향점이 생경하고 무모하다는 시선을 보냈다. 우리가 접해 본 교육 전문가들 대부분은 "성적, 교내외 대회, 소논문, 자소서 등을 중심으로 컨설팅을 해서 한몫 잡아 보겠다고 우후죽순으로 달려들고 있는 판국에, 다양한 경험과 자극을 통해 아이들 미래를 개척한다는 아리송한 메시지로 무엇을 어떻게 하겠다는 거냐"는 우려 섞인 목소리를 냈다. 아예 "학부모들은 오로지 성적과 입시 결과에만 혈안인데, 세상 물정을 몰라도 너무 모르는 것 같다. 큰 코 다치기 전에 그냥 접으라"는 직격탄을 날리기도 했다.

이는 아이들이 마주하고 있는 현실의 복사판이었다. 아이가 꿈 꾸고 시도해 보고자 하는 소망과 열망을 평가절하하고 비현실적이라는 낙인을 찍은 뒤 결국에는 수십 만 아이들이 똑같이 나아가도록 종용하는 현실, 바로 그것이었다. 모든 것을 다 잊고 공부와 입시라는 테두리 안에서 아등바등 버티지만, 적성에도 도통 맞지 않는 학교와 학과를 성적에 맞춰 선택해 다니는 것, 그리고 취업난의 벽 앞에서 공무원 시험으로 방향을 급선회하거나, 그것도 맘대로 되지 않을 땐 자신의 정체성은 온데간데

없이 취업 게시판 앞을 또 다시 서성이는 군상의 일원이 되는 그런 현실이 보였다. 우리는 아이들이, 금지옥엽처럼 소중한 우리 아이들이 얼마나 마음 아프고 얼마나 울고 얼마나 허탈해 할 수 있는지를 직접 느낄 수 있었다. 그래서 '악바리 악돌이 악쓴다'는 속담처럼 오기가 생기고 오히려 더 책임감이 솟구쳤다.

기업가 정신의 바이블 중의 하나로 평가 받는 '한 걸음의 법칙Just Start : Take Action, Embrace Uncertainty, Create the Future'에서, 공동 저자인 레너드 슐레진Leonard A. Schelesinger, 찰스 키퍼 Charles F. Kiefer, 폴 브라운Paul B. Brown은 "창업뿐만이 아니라 인생에서 비전을 일단 실행에 옮겨 가치를 창출하려는 시도가 무엇보다도 중요하다"며 "미래가 불확실하더라도 그 상황에서 가장 최고의 전략을 선택해 과감히 배우면서 나아가는 것이 성공의 첩경"이라고 말한다. 우리 아이들에게 도전 정신과 희망의 의지를 심어 주고자 한다면 우리 스스로가 그럴 준비가 돼야 하고, 시행착오를 각오하며 당당히 나아가야 하는 것도 당연한 논리였다.

그래서 우리는 꿋꿋하게 전진하고 싶었다. 그리고 우리가 아이들에게 선사해 주고 싶었던 것을 과감하게 실행에 옮겼다. 우선 두 가지에 심혈을 기울였다. 첫째는 기존의 체험 프로그램이었고, 둘째는 새롭게 마련한 인터뷰 프로그램이었다. 세상의 다양한 것들을 직접 경험하고 세상의 다양한 전문가들과 만나 보면서 궁극적으로 소중한 가치를 만들자는 것이다.

체험 프로그램의 경우, 전에는 우리가 정한 코스를 단체로 이동하며 체험하는 것이 중심이었다. 하지만, 이제는 박람회, 전시회, 지역 축제는 물론이고 해외여행 등을 비롯해 삶에서 다가갈 수 있는 모든 체험을 개별적으로 마음껏 해 보는 프로그램도 병행키로 했다. 그룹 체험활동 프로그램들이 시간이 맞지 않거나 개인적으로 매력을 느끼지 못하는 등 다양한 원인으로 참가를 못하는 경우도 빈번했기 때문이었다. 따라서 각종 행사 및 가족 여행 등 각자의 삶 주변에서 펼쳐질 수 있는 다양한 체험에 도전을 하되, 우리가 제시하는 방향을 바탕으로 함께 가치를 만들어 보자는 것이다.

예를 들어, 학생 A는 학교 친구들과 대형 행사장에서 열리는 '애니메이션 박람회'를 가기로 했다. 보통은 그곳에 가서 애니메이션 부스를 둘러보거나, 마음에 드는 캐릭터를 사거나, 끝난 뒤 주변에서 맛있는 것을 먹고 온다. 하지만 앞으로는 이렇게 해 보자는 것이다. 1단계는 체험 전에 코칭 전문가의 도움을 받아 어떤 방향으로 탐구를 해 볼 것인지에 대해 구상을 한다. 2단계는 체험에 직접 가서 사진도 찍고 물건도 사고 해 보고 싶은 것을 다 해 본다. 대신 호기심을 갖고 가치를 발견하기 위한 노력은 잊지 않는다. 3단계는 사전 구상, 체험, 느낀 점 등을 모두 담아 리포트를 쓰고 코칭 전문가로부터 피드백을 받는다. 4단계는 애니메이션 제작과 미래 예측 등과 관련된 책을 읽거나 에세이를 쓴 뒤 마찬가지로 피드백을 받는다. 이런 모든 방향의 중심축은 체험으로부터 자신의 꿈과 연결될 수 있는 의미와 가치를 발견하는 시도다.

인터뷰 프로그램도 비슷한 궤적을 따라 프로그램이 진행되지만, 인터뷰 대상은 개별 접촉이 아니라 우리가 선별한 전문가이며, 그룹 인터뷰 형태로 진행하는 것이 특징이다. 만약 해외 오지 여행상품으로 레저의 새로운 지평을 열고 있는 신생 여행사 대표를 인터뷰한다고 하자. 1단계는 여행의 미래와 관련된 사전 조사를 해 보고, 2단계는 인터뷰를 한 뒤, 3단계는 리포트 작성을 거쳐, 4단계는 레저의 미래와 관련된 독서 및 에세이와 피드백으로 구성된다. 단순히 여행 트렌드를 살펴보는 것에 머무는 것이 아니라, 소비자의 심리, 사회경제적 흐름의 변화, 그 분야에서 전문성을 발휘하기 위해 필요한 요소 등의 큰 그림을 멋지게 그려 보는 것도 얼마든지 가능하다.

우리는 인터뷰 프로그램을 고안하면서 참고한 모델이 있다. 실리콘밸리 또는 이스라엘에서 새롭게 각광을 받고 있는 창업 모델이 아니었다. 바로 우리 사회에 뿌리박힌 '선행학습 모델'이었다. 주요 과목에서 아이들이 조금이라도 뒤질세라 무섭게 선행학습을 시키는 바로 그것이다. 즉, "앞으로 공부해야 할 내용을 미리 맛보고 대비하지 않으면 입시준비 과정에서 낭패를 본다"는 바로 그 선행학습 논리다. 그렇다면, "앞으로 살아가야 할 세상을 미리 맛보고 대비하지 않으면 수십 년 동안의 인생여정에서 낭패를 본다. 그러므로 미래에 대한 선행학습이 필수 불가결하다"라는 논리에 해코지를 하지는 못할 것이다.

그래서 우리는 좌고우면하지 않고 당차게 외쳤다. "애들아, 너희들 미래 세상, 그리고 꿈 실현 과정을 선행학습해 보자!"라고 말이다. 초등학생들이 미래를 맛보는 것보다는 머리가 약간 더 큰 중학생들이 미래를 맛보는 것이 현실에 더 부합된다면, 자유학기제야말로 미래 선행학습을 위한 적기다. 중학생이 고교 과정을 선행학습하기 위해 학원에서 담당 선생님을 만나는 것처럼, 앞으로 10년 또는 20년 후에 자신이 살아갈 세상과 연관된 전문가를 만나는 것도 의미가 있을 것이다. 자유학기제는 미래를 대비하고 꿈을 키우기 위한 선행학습 기간이다. 아이가

상상하고 미소 짓고 더 욕심을 낼 수도 있는 기분 좋은 선행학
습 기간이다.

전문가들과 만나 더욱 커진 꿈

▶ 우리는 우리가 나아가고자 하는 방향에 기꺼이 뜻을 함께 하고자 하는 전문가들을 물색했다. 그리고 2017년 12월 10일 첫 인터뷰 체험이 열렸다. 서울 여의도에 위치한 굴지의 투자회사에서 일하고 있는 국제투자 전문가 송○○ 팀장이었다. 40대 중반의 그 전문가는 우리에게 "중학교 1학년 딸이 있는데 세상이 어떻게 돌아가고 있는지에 대해 관심이 크지 않을 뿐만이 아니라, 심지어 아빠가 지금 무슨 일을 하고 있는지에 대해서도 잘 몰라 안타깝다"고 말했다. 그러면서 "기업에 비전이 있어야 투자 등을 통해 미래 성장을 기약할 수 있다는 논리는 아이들에게도 적용된다"며 "비전도 없이 부모 등쌀에 떠밀려 마지못해 버티고 있는 아이들에게 미래 성장이 가능할지 의구심이 든다"고 덧붙였다. 그러면서, 송 팀장은 아이들에게 세상의 변화를

알려 주고 비전을 가질 수 있는 나름대로의 노하우를 전달하고 싶다며, 우리의 인터뷰 제안을 흔쾌히 받아들였다.

첫 인터뷰에서 아이들은 각각의 관심과 꿈을 밝히고 어떻게 금융 및 투자로 이어갈 수 있는지를 물었다. 엔터테인먼트에 관심이 많은 세민이에게 송 팀장은 "춤을 추고 노래를 부르는 것에만 관심을 갖는 것이 아니라, 전망이 좋은 엔터테인먼트 회사나 인물들을 분석해 투자를 하는 것도 좋을 것"이라고 말했고, 스포츠 캐스터가 꿈인 지민이에게는 "전문적인 금융 노하우와 스포츠를 결합해, 경기 승패의 긴장감을 활용한 투자 캐스터도 생각해 볼 수 있을 것"이라고 귀띔해 줬다.

아이들은 마지막으로 "우리 나이로 돌아가 멋진 삶을 개척할 준비를 한다면 무엇을 할 것인가"를 물었다. 송 팀장은 "공부를 하는 데에 시간의 50%를 쓰고, 나머지 50%는 세계 문학을 읽는 데에 쓰겠다"며 "AI 시대가 찾아올 것이라고 하지만, 그럴수록 사람과 사회의 깊은 감성을 꿰뚫고 있어야 생존할 수 있을 것 같기 때문"이라고 설명했다. 투자 전문가와 인터뷰를 했다고 해서 누군가의 꿈이 펀드매니저가 되지는 않을 것이다. 하지만, 자신의 꿈과 함께 다른 삶의 전문 영역을 비교하고 연결하면서, 아이들의 미래의 폭은 훨씬 커지고 있음은 분명했다.

두 번째 인터뷰는 2017년 12월 28일에 열렸다. 세계 유학 시장에서 가장 큰 교육 기업으로 자리매김한 IDP 그룹 싱가포르 김소연 대표였다. 현재 전세계 영어 시험 시장은 미국이 주도하고 있는 토플TOEFL과 호주와 영국이 주도하고 있는 아이엘츠 IELTS로 양분돼 있는데, IDP는 아이엘츠를 주관하면서 유학시장의 큰 흐름을 주도하고 있다.

김 대표는 그야말로 외국계 기업에서 잔뼈가 굵은 가장 대표적인 인물 중의 하나라고 해도 손색이 없었다. 세계 최대 제약 및 소비재 기업 '존슨앤존슨', 세계 최대 음료 기업 '코카콜라', 바비 인형 등으로 유명한 세계 최대 완구 기업 '마텔'의 한국 지사에서 근무했고, 2014년 IDP 한국 대표로 스카우트된 후 탁월한 경영 실적을 인정받아 2016년 IDP 싱가포르 대표로 자리를 옮긴 이력을 자랑했다. 요약하자면 외국계 기업의 엘리트 코스를 줄기차게 밟아 온 것이다.

이날 인터뷰는 대학 합격생들과 대학 졸업을 앞둔 학생들이 참가했다. 원래는 중고등학생을 대상으로 실시하려고 했는데, 김 대표를 꼭 만나보고 싶다는 대학생들이 많아 아예 대학생들만을 참가하게 해서 진행했던 것이다. 김 대표는 이날 자리한 학생들에게 네 가지를 강조했다. 첫째는 취업난이 극심하다고 푸념하면서 그럴싸한 큰 직장만 고집하다 결국 공무원 시험 등으로 떠밀리듯 삶의 방향을 급선회하지 마라는 것, 둘째는 외국계 기업의 경우 명문대 등 학력이 아니라 오로지 능력을 중시하고 특히 여성에 대한 차별이 없다는 것, 셋째는 자신이 정말 원하는 일을 하면 아무리 힘들어도 항상 감사한 마음으로 행복하게 최선의 역량을 발휘할 수 있다는 것, 넷째는 남들이 선호하지 않는 영역을 공략해 성과를 내는 것도 장기적으로 성공에 이를 수 있는 지름길이라는 것이었다.

김 대표는 인터뷰에 참여한 경제학 그리고 법학이 전공이면서 졸업을 앞둔 대학생 두 명에게 "너무 급한 마음에 남들이 가는 방향으로 똑같이 따라가 우왕좌왕하는 것보다, 자신의 깊은 곳에 깃든 꿈과 더 많이 대화하라"고 조언했다. 또한 모 대학의 곤충학과에 올해 합격한 고등학생이 "곤충 전공은 곤충만 파고드는 것이 중요한 것 같은데, 주변에서 영어 공부 좀 하라고 닦달한다"고 말하자, 김 대표는 "지금은 세상의 모든 것과 융합돼 연결이 이뤄지고 있다"며 "예상치도 못한 세계무대에서 예상치도 못한 기회에 접할 때 영어야말로 필수적인 성공 무기"라고 힘줘 말했다.

이날 우리는 이 인터뷰 모습을 중고등학생들에게 보여 주고 싶은 생각이 굴뚝같았다. 이유는 간단했다. 아이들이 그토록 도달하고 싶은 대학 관문에 도착했다고 해서 삶의 여정이 만사형통으로 전개될 될 리가 만무하다는 현실이 바로 그곳에 있었기 때문이었다. 진정한 고민과 진정한 끈기의 미덕은 대학을 졸업하고서부터 시작된다는 간명한 현실도 함께 그곳에 있었다. 한 대학생이 "어렵게 들어온 대학에서 온갖 스펙을 쌓느라 고군분투했지만, 결국 취업난의 장벽 앞에서 어쩔 도리가 없다"라고 하소연했다.

이에 김 대표는 "최고의 대학 또는 최고의 기업만을 목표로 아등바등하다가 결국 자포자기하는 경우를 보면 안타깝다"며 "처음엔 양에 차지 않더라도 작은 출발점으로부터 차근차근 점프해 올라가는 끈기, 삶을 더 길게 바라보는 안목을 가져라"고 용기를 줬다. 그리고 마지막으로 김 대표는 "지금은 학력과 스펙의 시대는 저물고 있으며, 실제로 학벌만을 고집하다가 도태되는 경우가 너무 많다"며 "이제는 삶을 길게 보며 배워 나가는 끈기, 융통성 있는 소통 능력, 타인을 배려하는 미덕을 어렸을 때부터 체득해야 생존할 수 있다"고 했다. 그러면서, 한국에 오기가 힘들지만 올 때마다 우리와 함께 하는 학생들과 학부모들에게 더 많은 정보를 전달하는 시간을 마련하겠다고 약속했다.

그 후 2018년부터 우리는 더 세분화된 분야에서 다양한 전문가들과 계속 접촉을 이어갔다. 또한, 아이들에게 과연 누가 멘토로 적합하고 멘토의 역할은 무엇이어야 하는지 등에 대해서도 많은 대화를 나눴다. 교육 사업에 잔뼈가 굵은 한 전문가는 "엄마들은 아이들이 당면해 있는 성적 향상과 입시 성공이라는 목적에 도움이 되는 전문가 및 멘토를 원할 것"이라며 "엄마들이 바라는 인생 멘토는 소위 명문대 또는 의대에 재학 중인 대학생들"이라고 딱 잘라 말했다. 우리도 수많은 대학생들과 소통을 해왔기 때문에 그들을 속속들이 꿰뚫어 보고 있다.

한데, 이런 의문점을 가져 봤다. 명문대 재학 대학생들은 성적향상을 향한 불굴의 의지 외에 다른 역경 극복의 스토리가 있을까? "나도 대치동에서 새벽까지 3년 넘게 공부해서 아는데 열심히 하겠다는 마음만 있으면 좋은 대학 갈 수 있어"라는 추상적인 조언이 많은 아이들에게 큰 자극이 못 된다는 사실을 그 대학생들은 알고 있을까? 공부의 묘안 외에 각양각색의 삶의 루트를 개척할 수 있는 방법을 과연 알고 있을까?

우리나라의 아이들 중 소위 'In서울대'라는 명문대급 대학에 진학할 수 있는 아이들은 생각보다 많지 않다. 만약 공부 능력이 부족해 성적이 바닥을 치고 있는 아이 옆에 긍정적인 마인드로 무장한 모범 대학생을 붙여놓아도, 학습의 열정은 불타오르지 않는다. 아이들은 어차피 "그러니까 공부해야 되는 거야. 난 네가 할 수 있다고 믿어. 긍정적인 마인드로 우리 한 번 해 보자"라는 논리로 모두 귀결된다는 것을 다 알고 있다.

물론 우리에게도 남부럽지 않은 대학에 진학해 많은 도움을 주는 대학생들도 있다. 하지만 우리는 삶의 스토리가 더 진하고 다채로운 전문가들 및 멘토들이 더 간절했다. 실패와 좌절이 삶의 줄거리에서 더 큰 부분을 차지하면 더욱 좋다고 봤다. 우리는 아이들이 먼 훗날 펼칠 수도 있는 사이즈 없는 삶의 캔버스를 미리 상상해 보기를 원했고, 그 화폭에 삶의 그림을 그릴 주체가 자신이라는 것을 인식할 수 있기를 원했다.

최근 우리가 외고를 나와 대학에서 신문방송학과를 다니는 과정에서, 어렸을 때부터 간절히 하고 싶었던 미술에 대한 열정을 다시 불태워 결국 비주얼 아티스트로 삶의 방향을 전환한 전문가와 인터뷰를 했던 이유도 바로 그것이었다. 아이들과 부모들은 의외로 많은 관심을 보였다. 우리가 이렇게 여러 영역에서 활동하면서 다양한 삶의 스토리를 지닌 전문가 인터뷰 프로그램을 실시하자, 아이들은 자신이 관심 있는 분야를 먼저 우리에게 제시하기도 했다.

만나고 이야기하면서 꿈의 청사진이 '활짝' 펴질 수 있을 것이라는 희망에, 우리도 덩달아 신이 났다. 그래서 우리는 몇몇 아이들에게 "세상이 참 궁금해지지? 다음에는 누구를 만나보고 싶어?"라고 습관처럼 물었다. 물론 걸림돌도 많다. 아이들이 만나고 싶어 하는 모든 전문가 및 멘토를 인터뷰 대상으로 삼을 수도 없고, 해당 전문가들을 일일이 다 섭외하는 것도 현실적으로 힘들 뿐만이 아니라, 인터뷰 대상을 어렵게 선정해도 엄마들의 호불호도 극명히 갈리기 때문이다.

우리의 인터뷰 대상 선정과 진행 과정에서 참 안타까운 사례도 있다. 우리는 육사를 졸업해 경기도의 모 부대에 임관한 P 장교를 섭외했다. 우리는 대학 학과에는 의대, 공대, 인문대, 예술대 등 모두가 다 익히 알고 있는 전공과 관련 직업만이 전부가 아니라, 우리 사회에는 독특한 삶의 개척 루트가 있고 자부심도 대단한 직업도 많다는 것을 알려 주고 싶었다. P 장교는 우리의 요청을 흔쾌히 받아들였고, 일부러 시간을 내서 멋진 장교 복장으로 회의실에 찾아 왔다. 한데 참 난감한 상황이 펼쳐졌다. 오기로 했던 아이들이 결국 오지 못해, 달랑 한 명만 회의실 의자에 앉아 있었기 때문이다.

우리는 그저 미안한 마음이었지만, P 장교는 전혀 내색을 하지 않았다. 그리고 무려 두 시간 가까이 한 학생을 위해 인터뷰에 응해 줬다. 고등학교와 재수 시절에 겪었던 수많은 고초, 예상하지도 못했던 육사 합격, 끈질긴 도전, 애국심 등 삶의 소중한 지혜가 단 한 명의 학생을 향해 고스란히 전달됐다. 그 학생은 인터뷰 후에 "육사에 대해 어렴풋이 동경심을 갖고 있었는데, 이제는 육사를 나와 최고의 군인이 되는 것이 꿈이 됐다"고 말했다. 학생의 부모도 "아이가 이렇게 당당하고 확실하게 미래의 포부를 밝힌 적이 없었다"며 "소중한 만남이 꿈과 목표로 이어질 줄 몰랐다"고 감사의 마음을 전했다.

부모들의 마음은 이해가 된다. 우리나라 부모들 중에 자식이 직업 군인이 되는 것을 바라는 경우는 많지 않을 것이다. 한데, 우리가 아쉬운 점은 바로 이것이다. 부모가 원하고 부모가 아이에게도 은근히 권장하는 직업 세계를 중심으로 아이에게 관심을 유도한다고 해서, 반드시 아이가 그 방향으로 따라가는 것은 아니라는 사실이다. 부모가 탐탁하지 않게 여기는 직업에 종사하는 사람과 접촉을 하거나 강연을 듣거나 책을 읽는다고 해서, 아이가 꼭 그쪽 방향으로 호기심을 발동하는 것도 아니다. 중요한 것은 세상에 다양한 직업을 지닌 다양한 사람들이 많다는 점을 아이들이 보고 느끼면서 시야를 넓힐 수 있도록 돕는 것이다.

자유학기제 기간 동안 아이들은 학교에서 전문 직종에 종사하는 학부모 강연 또는 초청 인사 강연 등을 통해 전문가를 종종 접한다. 하지만 관심 영역이 다르고 자극을 받는 정도도 달라, 아이들마다 저마다 느끼는 바도 같지 않을 것이다. 물론 가능만 하다면 아이들 나름대로의 특성과 관심 등을 고려해, 개별적으로 전문가들로부터 강연과 멘토링을 받을 수도 있겠지만 현실적으로 학교에서 그런 접근법은 거의 불가능하다.

그렇다면, 학교 밖에서라도 다양한 기관이나 모임 등을 통해 그런 시도를 해 볼 수도 있을 것이다. 그렇게 하려면 다양한 네트워크가 구축돼야 하는데, 바로 우리 어른들이 그것을 거들 수 있다. 은영이 엄마가 건축가라면 건물 디자인에 관심이 많은 동호와 채린이에게 좋은 자극을 줄 수 있을 것이고, 재준이 삼촌이 야구선수 스카우트 담당자라면 스포츠에 관심이 많은 승운이와 다빈이를 만나 뜻 깊은 시간을 만들어 줄 수도 있을 것이다. 아이들이 꿈의 청사진을 활짝 펼칠 수 있도록 자극해 줄 수 있는 인터뷰 대상을 굳이 멀리서 찾을 필요가 없다. 바로 우리 어른들이 그 역할을 할 수 있다.

자유학기제가 만약 노를 저어 나아가는 레이스 보트라면, 한쪽에서 아이들이 노를 저을 때 반대쪽에서 어른들이 함께 박자를 맞춰 노를 저어야만 앞으로 나갈 것이다. 자유학기제의 또 다른 참여자는 바로 부모와 선생님 같은 우리 어른들이다. 그런 공감대가 형성되고 참여의 폭이 넓어진다면, 우리 아이들이 미래로 향해 나아가는 꿈의 추진력은 더욱 힘을 받게 될 것이다.

과정에서의 긍정 마인드가 필요해

▶ 긍정의 배신Bright-sided : How Positive Thinking Is Undermining America을 쓴 바버라 에런라이크Barbara Ehrenreich는 비관적인 관념을 마치 악마처럼 여기고 오로지 긍정 마인드만 있다면 누구든 성공에 이를 수 있다는 접근법을 신랄하게 비판한다. 현실은 그것이 아닌데 말이다. 우리가 아이들에게 "열심히 하면 하늘이 배신하지 않아. 꾹 참고 공부하면 성적이 오를 거야" 또는 "조금만 더 참자. 머릿속으로 네가 원하는 대학을 그려봐. 그 꿈이 꼭 실현될 거야" 등의 메시지를 전할 때 빠트린 것이 하나 있다. 모든 부모들이 동일한 긍정 또는 낙관 마인드를 심어 주지만, 정작 부모들이 '갈망'하는 대학에 진학할 확률은 5%도 안 된다는 사실, 그리고 부모들이 '염원'하는 직업 및 직장에 골인하는 확률은 2~3%에 불과하다는 사실이다.

그렇다고 우리가 현실적인 맥락에서 부정적이고 비관적인 마인드로 돌변하자는 의미는 아니다. 목표 도달이 험난한 삶의 특정 경로, 통과 가능성도 좁디좁은 그 경로의 '결과'에 대한 허황된 낙관론을 불어넣지는 말자는 것이다. 물론 다른 경로들도 원하는 결과에 도달할 가능성이 높지 않다는 것은 맞다. 하지만, 수많은 루트가 거미줄처럼 뻗어 있는 삶의 다양한 경로에서, 휘황찬란한 루트가 아니더라도, 우여곡절과 산전수전을 겪으며 나아가는 과정이더라도, 모두 아름답고 의미가 있다는 것을 알려 주자는 것이다. 까마득한 먼 곳에 있는 미지의 '결과에 대한 긍정 마인드'보다는, 현실에서 가치를 찾는 '과정에서의 긍정 마인드'에 무게를 두자는 것이다.

삶의 여러 갈림길 앞에 이정표가 있다고 치자. 우리 대부분의 부모들은 그 이정표 앞에서 가파른 언덕배기 방향의 화살표가 가리키는 A루트명문대 도전 루트를 향해 아이와 함께 선다. 그 길은 다른 길과는 달리 네온처럼 반짝이며 휘황찬란하다. 대부분의 부모들은 여러 갈래의 다른 길들을 안내하는 지도는 꼬깃꼬깃 구겨 휙 버린다. 수많은 아이들이 그 화려한 오르막길을 오른다. 제법 가파르다. 왜 가야 하는지도 잘 모르는 아이들은 초

장부터 힘에 부친다. 부모는 뒤에서 밀기도 하고, 2인 3각으로 함께 기우뚱거리며 걷기도 하고, 비트적거리는 아이를 질질 끌어당기기도 한다. 주변에는 혼자서도 참 잘도 오르는 아이들이 더러 있기는 하지만, 대부분은 저 멀리 가다 헉헉 숨을 몰아쉬며 초주검 상태다. 그래서 부모들은 등반을 돕는 셰르파학원, 과외 교사, 멘토들을 부려 아이의 짐을 덜어 주면서, 먼저 치고 나가는 아이들의 속도를 계속 상기시킨다.

한데 저 아래 갈림길 초입 부분에서는 몇몇 아이들이 지도를 펼쳐 들고 걷는 것이 보인다. B루트를 걷다가 옆으로 난 작은 오솔길을 따라 C루트와 D루트도 살짝 들러 본다. 그러면서 그 길을 제법 잘 아는 것처럼 보이는 나그네들전문가들과도 이야기를 나눈다. 어떤 아이들은 E루트 풀밭에 앉아 그림을 그리고, F루트 계곡 언저리에서 노래를 부르고, G루트 개울 옆에서 생각에 잠기기도 한다. 초입 부분의 여러 길들을 가보던 몇몇 아이들은 특정한 길을 따라 더 멀리 올라간다. 어떻게 저런 속도가 나는지 궁금할 정도로 꽤 가파른 언덕을 잘도 올라가는 모습도 보인다.

A루트 언덕에서 깊은 숨을 몰아쉬며 걷고 있던 몇몇 아이들이 부모들에게 잠시 오솔길로 빠져 다른 길도 걸어 보고 싶다

고 말한다. 어떤 아이는 저쪽 꽃밭 옆에서 꽃들을 그리고 싶다고 하고, 또 어떤 아이는 호숫가에 앉아 노래를 부르고 싶다고 하지만, 일언지하에 퇴짜를 맞는다. 부모들은 "힘든 것 다 알아. 그런데 왜 전부 A루트로 몰려든 줄 알아? 저 높은 곳에 가면 정말 값진 것이 있기 때문이야. 할 수 있다는 마음만 있으면 어떤 길도 다 정복할 수 있어. 지금 모든 유혹을 다 잊고, 꾹 참고 가야 한다"고 채근한다. 아이들이 다른 길의 친구들도 만나고 싶다고 하지만, 부모들은 고개를 절레절레 흔든다. 오직 "계속 전진! 너는 할 수 있다!"는 결과에 대한 낙관론만이 아이들의 귓전을 때릴 뿐이다.

비록 힘들었지만, 아이들 중 30% 정도가 일반 캠프촌까지 올라왔다. 텐트들이 있어 좀 쉴 수 있다. 한데 많은 아이들이 허탈감에 빠져든다. 더 높은 곳에 멋진 간판까지 내걸린 캠프촌이 있다. 그곳에는 'A루트 제 1 베이스캠프명문대'라고 쓰여 있다. 5%만 갈 수 있다는 소문에서만 듣던 그 호화 캠프다. 텐트들은 달라도 뭔가 다르다. 때깔도 곱다. 그곳 아이들은 아래쪽 텐트를 거들떠보지도 않는다. 'A루트 제 2 베이스캠프좋은 직장' 쪽 방향에서 사람들이 가끔씩 나타나 그곳 텐트 아이들에게 손짓을 한다. 아이들이 자극을 받았는지 좀 쉬었다 곧 올라갈 기세다. 아래 쪽 텐트에서 지친 몸을 가누고 있던 많은 아이들은 기가 곧 꺾인다. 갑자기 몇몇 아이들은 고개를 절레절레 흔들거나, 갑자기 무엇인가를 깨달았다는 표정을 지으며 발길을 돌려 다른 방향의 오솔길로 빠져나가기 시작한다. 그 모습을 보고 털썩 주저앉아 땅을 치는 부모들도 보인다. 물론 이를 악물고 일반 캠프촌을 출발해 '제 2 베이스캠프'로 향해 가는 아이들도 있긴 하다.

시간이 한참 흘렀다. 모든 아이들 중 2% 정도만 'A루트 제 2 베이스캠프'에 도착한다. 그리고 더 적은 숫자의 아이들만이 '더 위쪽의 깨나 높은 곳'에 도달한다. 하지만 그곳에 도착한 아이들을 놀라게 한 것이 있다. 첫 번째는, 단 몇 명만 발을 디딜 수 있을 것이라고 상상했던 그 높은 곳이 아주 넓다는 사실이다. A루트에서만 올라올 수 있는 것이 아니었다. B, C, D, E, F는 물론이고 전혀 들은 적도 없는 루트들로부터 올라올 수 있었다. 각 루트별로 쉴 수 있는 공간들이 모두 마련돼 있었다. 처음부터 다른 갈림길을 갔거나 중간에 다른 길로 방향을 돌렸던 아이들도 그곳에 올라와 있다. 두 번째는, 그곳에 도착해서 받는다는 황금 열매의 개수다. A루트에서 올라오면 제일 많이 받을 줄 알았는데, 다른 루트에서 올라온 아이들에게 더 많은 열매가 돌아가는 경우도 많다. 세 번째는, '그보다 더 위쪽의 굉장히 높은 곳'으로 올라가는 길도 여러 개라는 사실이다.

물론 더 화려한 'A루트 전용 루트'가 있기는 했지만, 셀 수 없이 많은 다른 루트들도 더 높은 곳으로 이어져 있다. A루트에만 익숙한 아이들은 다른 루트로 발을 들여놓는 것에 지레 겁을 먹는다. 하지만, 다른 루트로 올라온 아이들은 여느 때와 마찬가지로 다양한 루트들에 대해 수소문을 해 보고, 여러 나그네들과도 담소도 나눈다. 아래에서와 마찬가지로 여기에서도 이곳저곳 루트의 초입을 오가거나, 한 루트를 가다가 오솔길로 빠져 다른 루트로 향하는 모습도 보인다. 더 높은 곳까지 올라가는 많은 방법을 꿰차고 있는 데다, 아는 나그네들도 많은 한 아이에게 외려 A루트 아이들이 황금 열매를 건네며 도와 달라고 애걸복걸 매달리기도 한다. G루트에서 온 한 무리의 아이들은 평평한 바위 위에서 함께 모여 노래를 부르며 황금 열매를 서로 나눠 먹는다. 급하게 오를 생각이 없는 듯 아예 텐트를 치는 아이들도 보인다.

A루트를 타는 아이들 중 한 명이 억누를 수 없는 호기심에 다른 루트를 타고 아래로 내려가 보기로 한다. P루트를 타고 한참 내려가다가 천천히 올라오고 있는 친구와 만난다. A루트 일반

캠프촌에서 다른 길로 빠져 나간 친구다. A루트 아이는 그 동안 어떤 일이 일어났는지를 묻는다. P루트 아이는 이렇게 말한다.

"산을 힘겹게 오르면서 나는 비로소 알게 됐어. '결과를 향한 긍정 마인드'에 휩싸여 내가 누구인지 잊고 있었던 거야. 그 결과가 어떤 결과일지, 어디에 있는 결과일지도 모른 채 무작정 올라가고 있었던 것을 문득 깨달았어. 비록 높은 곳에는 아직 도달하지 못했지만, '과정에서의 긍정 마인드'가 나에게 많은 희망을 줬어. 좋은 나그네들도 많이 만나고, 색다른 풍경들도 마음껏 보고, 새들과 노래도 하다 보니 산의 이곳저곳이 더 궁금해졌어. 가는 방향에 대해 회의감도 들고 넘어질 때도 많았지. 그래도 재미가 쏠쏠했어. 내가 몰랐던 동물, 과일, 나무들도 정말 많았으니까. 그렇게 가다 보니 넘어져도 다시 일어나 또 가고 싶었어. 산전수전 다 겪어 시나브로 자신감도 생겼고. 저 먼 곳에 있을지 없을지 알기 힘든 내가 아니라 지금 여기에 있는 나를 찾으니 내 삶이 더 소중해짐을 느꼈어. '결과를 향한 긍정 마인드'는 보이지 않는 저 멀리 어딘가에 있는 무엇인가를 믿어야만 하는 강박 같은 것이었다면, '과정에서의 긍정 마인드'는 내 바로 곁에 있으면서 나에게 힘을 주는 벗과 같은 것이었어. 이런 생각을 공유하는 많은 사람들과 자주 만나 서로 돕고 많은 정보도 교환하다 보니, 산에 대한 호기심도 덩달아 커졌어. 솔직히 더 높게 올라가고 싶은 마음도 절로 생겼어. 내가 전부터 타고 싶었던 이곳 P루트를 계속 가 볼 거야. 하지만 다른 루트에서 가치를 찾으면 얼마든지 옮겨 갈 생각이야. 그 과정에서 또 많은 것을 배우게 되겠지. 그리고 내가 몰랐던 나를 발견할 수도 있겠지. 언제 더 아주 높은 곳으로 올라갈 수 있을지는 잘 모르겠어. 하지만 융통성 없는 아집이나 조급한 마음 같은 것은 없어. 그런 것이 스며든다면 이 멋진 과정을 즐길 수가 없을 테니."

A루트 아이는 P루트의 친구 같은 아이들이 저 높은 곳에 언제 오를지는 알 수 없지만, 그런 태도라면 설령 늦더라도 더 높이 올라간 후 더 뜻 깊고 더 충만한 행복감을 만끽할 것 같다는 생각이 불현듯 스친다. 그래서 갑자기 그들이 부러워진다. 그리고 기세등등했던 자신이 마냥 작아짐을 느낀다. 지금까지의 과정을 떠올리니 인내, 집중, 경쟁, 성취 외에는 마땅한 단어가 없다. 과일, 나무, 계곡, 새들, 나그네 같은 단어들을 떠올렸던 그 친구가 마냥 부럽다. A루트 아이는 크게 들숨 날숨을 쉰다. 그리고 P루트 친구에게 손을 흔든 뒤 가파른 언덕으로 다시 올라가는 대신 구불구불한 오솔길로 빠진다. 출발점에서부터 정말

가고 싶었던 R루트로 이어지는 길이다. 지금까지 경색돼 있던 표정이 금세 풀리더니 신나는 휘파람까지 불며 걸어간다. 잔뜩 설렌 잰걸음이다.

그 모습을 바라보고 있던 P루트 친구는 곰곰이 생각하다 발걸음을 옮긴다. 그리고 'A루트 제 1 베이스캠프' 방향이다. 지금까지의 다사다난했던 경험, 그리고 더 샘 솟는 호기심을 벗 삼아 돌연 A루트를 올라 보고 싶다는 생각이 들었다. 궁극적으로 A루트를 선택하는 것은 아니다. 그 루트에서도 많은 나그네를 만나고 많은 무용담도 듣고 그곳 풍경도 구경하면서, 마음을 더 설레게 하는 다른 루트도 타 볼 생각이다. 일단 인내심과 경쟁심이 필요할 것 같다. 그래도 여태껏 거쳐 왔던 경험들도 녹록하진 않았기에, 두려움보다 기대가 더 앞선다. 참 이상하다. 이전의 A루트는 힘겹고 냉혹했던 길 같았는데, 지금은 그렇지 않다. 하늘에서는 라벤더 향을 머금은 산들바람이 귓가를 스치고 하롱하롱 꽃잎들이 휘날리는 그런 길이었다.

스탠포드대 심리학과 캐롤 드웩Carol Dweck 교수는 TED 강연에서 '성장을 향한 마음가짐growth mind-set'이 얼마나 중요한지에 대해 역설했다. 기대한 성과를 내지 못했다는 이유로 아이의 역량에 대해 '실패'나 '낙제' 같은 단정적인 판단을 내리는 대신, '좀더 해 보자'는 가능성의 마인드를 심어 주자는 것이다. 그 가능성은 먼 미래에 대한 무조건적인 낙관론이 아니라, 과정 자체에서의 끈질긴 노력과 개선을 향한 극복 의지를 말한다. 드웩 교수는 "현재의 성적 같은 결과만을 중시할 경우, 아이들은 부정행위를 시도하거나 자신보다 못한 학생들과 비교를 통해 상대적 우월감을 느끼려고만 한다"며 "아이의 성장을 위해서는 결과가 아니라 과정에 대해 칭찬을 해 주고 성장에 대한 믿음을 주는 것이 정답"이라고 말한다. 그래야 의미 있는 미래의 길이 열린다는 설명이다.

자유학기제만이라도 성장을 향한 꿈과 희망을 펼칠 수 있도록, 아이들이 거쳐 가는 작은 과정 하나에라도 박수를 쳐 주면 어떨까? 공부만이 아니라 다양한 노력과 시도 그 자체에 대해 따스한 칭찬이 한아름 전달된다면, 우리 아이들은 과정에 대한 긍정 작용을 통해 미래에 대한 기분 좋은 상상을 할지도 모른다. 그리고 작지만 알차게, 그러면서 가시적으로 태도를 바꿔 볼 수도 있을 것이다.

자유학기제는 과정에서의 자유이지 결과를 향한 자유가 아니다. 결과에 무게가 실리면 아이들은 계속 문제집만 풀다 털썩 주저앉을 수도 있겠지만, 과정에 무게가 실리면 아이들은 용기를 머금고 어깨를 오히려 쫙 펼 수도 있을 것이다.

아이들의 꿈에
한아름 피드백을

▶ 우리 아이들이 삶을 이해하기 위해서는 당연히 시간이 필요하다. 결과를 향한 긍정이 아니라 과정에서의 긍정 마인드가 무엇을 의미하는지를 알아차리는 것도 더 기다려야 한다. 하지만 의도적으로, 아니면 은연중에 그런 의미들이 무엇인지를 느낄 수는 있는 기회를 제공해 줄 수 있다. 평소의 다양한 체험, 그리고 삶의 지혜를 전달해 줄 수 있는 사람들과의 만남과 소통, 다양한 독서 등이 그런 기회들일 것이다. 하지만 이런 기회를 만들어 주는 것만으로는 만사가 해결되진 않는다.

우리 프로그램과 관련해 상담을 하는 부모들 중에 상당수는 "무슨 프로그램이 있어요?"라고 묻는다. "제공하는 프로그램으로 우리 아이가 어떤 가치를 만들어낼 수 있죠?"라고 묻는 경우는 거의 없다. '가치 창조' 또는 '가치 창출' 등은 기업 등 특정 목적을 지닌 조직들이 전문적으로 사용하는 미사여구쯤으로 생각해서일 수도 있다. 아니면 학원들에 전화를 걸어 "영어는 무엇을 가르쳐요?"나 "수학은 어떤 진도를 나가죠?" 등 커리큘럼 자체에 너무 익숙한 현실 때문일 수도 있다.

그래서 오히려 우리는 더욱 '가치 창출'의 의의를 강조하고 싶다. 가치는 거창한 단어가 아니다. 독후감상문은 가치 창출을 어떻게 했는지를 보여주는 가장 대표적인 결과물이다. 일기도 마찬가지다. 내가 책을 읽거나 하루를 지내면서 어떤 의미를 찾았는지를 확인하고 되짚어 보는 것들도 모두 가치 창출이다. 초등학교 저학년 아이들에게 선생님들이 "일기를 쓸 때 무엇을 했는지가 아니라 그것으로부터 무엇을 느꼈는지를 적어야 한다"라고 말하는 것도 같은 맥락이다. 바꿔 표현하면, "상황이 아니라 상황을 통한 가치 만들기를 시도해라"는 의미다.

하지만 현실의 우리 아이들은 가치 창출 능력이 약해도 너무 약하다. 일단 그런 시도를 하는 것 자체를 싫어한다. 그리고 그럴 능력도 길러지지 않은 경우가 부지기수다. 학교에서나 학원에서나 모두 주입식 및 전달식으로 가르치다 보니 자신의 생각들을 전개하거나 수렴할 기회가 없다. 외형적으로 그럴싸하게 미리 포장된 '정답'을 찾는 것이 급선무다. 자신의 생각을 추구한다는 것은 정답과 관계없는 부질없는 호사일 뿐이다. 가치 추구와 유사한 시도라면 국어나 영어 등에서 문장의 핵심을 찾는 정도다. 자신의 소중한 경험, 자신의 소중한 생각의 핵심을 찾는 것은 입시의 방향과 한참 동떨어진 시간낭비로 여겨진다.

결과는 불을 보듯 뻔하다. 공부와 성적과 생활기록부 등의 틀에서 벗어나면 거들떠보지도 않는다. 글을 제대로 쓰는 아이들이 많지 않다. 글은커녕 자신의 생각을 제대로 표현하는 아이들을 찾는 것도 쉽지 않다. 우리 프로그램이 반드시 보고서리포트및 에세이를 쓰도록 하는 이유가 바로 여기에 있다. 체험이 됐든 인터뷰가 됐든 그것에 참여하는 것과 함께 가치를 발견하라는 자극이다. 아무리 많은 체험을 하고 만남의 시간을 갖더라도 피상적이면 단편적인 상황으로 그냥 무미건조하게 지나칠 경우 남는 것이 거의 없기 때문이다.

우리가 거쳐 온 체험학습 프로그램을 반추해 보면, 아이들이 보고서를 쓰느라 처음에 얼마나 끙끙거렸는지가 지금도 생생하다. 우리가 체험학습 프로그램을 시작했을 때 아이들이 육필로 종이에 써서 제출했던 보고서는 그냥 글씨를 깨작거린 종잇장에 불과했다. 가치를 찾을 수 없었다. 아이들의 편의를 위해 두 번째부터는 PPT 작업으로 돌렸다. 하지만 형태는 더 깔끔했어도 내용은 이전과 대동소이했다. 무엇을 가치로 만들어 내야 할지에 대한 고민은 고사하고, 왜 그런 과정이 필요한 지에 대한 의미 부여도 못하고 있었다. 만약 학교에서 커리큘럼 자체만을 중시하는 것이 아니라 아이들의 생각을 끌어내는 과정도 함께 비중 있게 다뤘더라면 그러지 않았을 것이다. 만약 부모들이 아이들의 다양한 체험 후에 작게나마 가치를 탐색하고 공유하고자 했더라면 사뭇 달라졌을 것이다.

가치는 주변을 향해 거창한 담론을 형성하는 것이 아니다. 비록 작더라도 그 상황에서 자신이 발견한 것, 비록 빈약하더라도 자신이 갖고 있는 지식과 정보와 결합할 수 있는 연결고리 등을 찾으려는 시도가 바로 가치 창출이다. 일부 아이들은 특정 체험, 인터뷰, 독서 등으로부터 무엇인가 그럴듯하거나 커다란 인상을 줄 만한 요소를 찾으려고 한다. 그렇게 나온 가치는 대부분 작위적이다. 그럴 때면 우리는 "더 작고 구체적인 것을 찾아보자. 가치가 너무 크거나 모호하면, 진짜 발견한 것이 무엇인지를 모른다는 반증이야"라고 말한다. 일단은 작게 가야 더 옹골차다. 그런 가치를 아이들이 차근차근 찾아내는 연습을 해야 한다.

아직 세상을 알지 못하는 아이들이 경험을 통해 대오각성을 할 것이라고 기대할 수는 없다. 아르키메데스가 '유레카'라고 외쳤던 감격과 깨달음을 아이들이 얻어낼 순 없다. 온통 학원과 숙제에 치여 사고의 여유는 없고, 있다손 치더라도 그 여유는 스마트폰의 유혹에 자리를 내주는 것이 현실이다. 아이들에게 어른들이 그런 거창한 것을 기대하는 것 자체가 어불성설이다. 그래서 작은 느낌, 작은 변화라도 소중히 여기고, 바로 그것을 가치로 봐야 하는 것이 옳다.

자동차 모터쇼를 보고 와서 "어땠어?"라는 물음에 아이가 "아빠! 자동차 소유 시대가 아닌 자동차 공유 시대가 올 것 같아요. 미래의 소비 패턴이 점점 궁금해져요. 그래서 저는 앞으로 행동경제학을 공부하고 싶어요"라고 말하는 것을 기대하기는 힘들다. 그 대신 아이가 "아빠! 이탈리아 자동차 색깔이 너무 멋져요"라고 말하는 것을 받아들이면 된다. 그리고 "그래 맞아! 아빠는 이탈리아 가구 색깔도 멋지더라"면서 관심을 유도해 주면 된다. 그런 작은 생각을 일기가 아니라, 에세이나 리포트 형태로 짧게나마 작성할 수 있다면 금상첨화일 것이다. 우리는 그것을 바라는 것이다. 쓰면서 생각하고 그러면서 자신의 작은 가치의 한 점을 발견하자는 것이다.

1980년대 중반에 처음으로 나노 개념을 정립한 에릭 드렉슬러Eric Drexler는 저서 '급진적 풍요Radical Abundance'에서 "분자 수준의 제조기술이 향후 미래에 상상할 수 없는 변혁을 가져올 것"이라고 예측한다. 원래 무한한 우주에 관심을 갖고 MIT에 진학한 드렉슬러는 결국 가장 작은 원자에 천착하게 됐고, 그 작은 세상에서 획기적이며 더욱 거대한 세상의 실현을 선도하고 있다. 작은 경험, 작은 생각, 작은 가치가 우리 아이들에게도 절실하다. 강요되고 주입되면서 커다랗게 포장된 외부의 가치가 아니라 자율적이고 능동적인 내면의 가치, 비록 작을 순 있어도 무한한 가능성으로 승화될 수 있는 그런 가치를 우리가 찾아 줘야 한다. 또한 그런 가치를 보고서나 에세이 등 작은 기록으로 남겨 도약의 증거와 발판으로 삼도록 자극하는 것도 필요하다.

우리의 체험 프로그램에서 처음에 자신의 생각이 담긴 리포트 한 줄을 쓰는 것에도 애면글면 발버둥 쳤던 아이들도 6개월 정도 지나자 변화가 나타났다. 일단 키워드 중심으로 자신이 표출하고자 하는 요소를 찾아냈다. 그 키워드는 표현의 뼈대가 됐고, 거기에 아이들은 생각을 차차 두툼하게 붙여가기 시작했다. 물론 글의 흐름이 끊기고, 중언부언 같은 내용을 반복하는 경우 등도 있었다. 하지만, 표현의 효율성과 방향성을 점차 숙지

해 갔고, 무엇보다도 인터넷 검색 등을 통해 뼈대에 살을 더 튼실하게 붙이는 실력은 놀라볼 정도로 좋아졌다. 가장 효과를 톡톡히 본 것은 학교 수행평가에서였다. "수행평가로 해야 할 작문 및 PPT 작업을 제법 능란하게 해낸다"는 학부모들의 평가를 접하면서 우리는 아이들의 작은 변화를 실감했다.

하지만 이것으로는 부족했다. 아이들이 체험을 통해 느낀 바를 글로 작성하는 것은 표현 그 자체로 끝나는 것이었다. 소통이 없었던 것이다. 그래서 우리는 반드시 드러내야 한다고 봤다. 다른 사람들, 특히 나에게 자극을 줄 수 있는 사람들로부터 솔직한 피드백을 받자는 것이다. 우선 우리는 아이들이 보고서를 작성하면 되도록 앞에 나와 발표를 하게 했다. 애초에 우리가 원했던 시나리오는 보고서에서 자신이 기술한 내용을 숙지한 뒤, 그것을 안 보고 마치 TED Talk에서 강연자가 말하는 방식으로 발표를 하는 것이었다.

하지만, 그 시도는 대부분의 경우 아이들에게는 아직 역부족이었다. 몸이 경직되거나, 팔이 자신도 모르게 머리로 올라가거나, 시선 처리가 제대로 되지 못하는 등 반응도 가지가지였다. 그래도 우리는 아이들이 자신의 생각을 소중히 여기고, 체험과 독서 등으로 생각을 더 단단히 다진다면, 차차 더 여유 있게 발표도 할 수 있을 것이라고 믿었다. 결국 그런 역량이 함께 길러 진다면 논술, 자소서, 면접 등 입시에서 아이들이 거쳐야 할 중 요한 관문도 너끈히 통과할 수 있는 토대가 마련될 수 있다고도 확신했다.

한데 발표만으로 소통의 목적이 모두 달성되는 것은 아니었 다. 좀더 전문화된 피드백이 필요했다. 저서 '타인의 힘The power of the other'을 쓴 헨리 클라우드Henry Cloud 박사는 "현재의 한 계를 넘고 성장하기 위해서는 자신에게 힘이 될 수 있는 타인으 로부터 적극적으로 도움을 받아야 한다"고 말한다. 물론 요즘 에는 다양한 소셜 미디어의 탄생으로 남들과 소통을 할 수 있는 통로는 구축돼 있다. 하지만, 대부분의 소셜 미디어들은 일종의 정보 교환의 공간 내지 한담의 공간이다. 내가 발견한 가치나 의미 있는 생각을 드러내는 공간은 아니다. 그렇다고 아이들이 가치 및 의미 교환을 전문으로 하는 진지한 토론 사이트에 가입 할 리도 만무하다.

그래서 우리는 '페이브더웨이' 카페의 성격을 완전히 새로운 방향으로 설정했다. 공지사항을 알리고 가입인사를 하는 공간 이 아니라, 자유로운 생각의 표출 공간으로 만든 것이다. 체험 프로그램을 갔다 와서 보고서를 쓰면, 과거에는 자신의 노트북

이나 담당 연구원의 노트북에 저장하고 잊히기 일쑤였다. 하지만, 이제는 체험 및 인터뷰 프로그램 등의 보고서와 에세이뿐만이 아니라, 의미와 가치가 담긴 글을 작성하면 모두 카페에 올리도록 자극했다. 글을 올리면 연구원들이 적극적으로 피드백을 주고, 더 많은 아이들이 읽을 수 있도록 추천도 하겠다고 약속했다.

주변의 반응은 이랬다. 의도는 좋다는 것이다. 하지만, 아이들의 동참 여부에 대해 회의적인 시각이 많았다. 요즘 아이들은 글쓰기를 마치 고문처럼 생각한다는 것은 자명하기에, 처음엔 우리 내부에서도 이런 시도가 순탄하게 잘 진행될 수 있을지에 대해 반신반의했다. 그래도 우리는 결국 아이들로 하여금 모든 글을 카페에 올리라고 독려하기로 했다. 자기도 모르게 자발적으로 글을 올리고 싶어 할 때가 곧 올 것이라는 기대와 확신 때문이었다. 사람이면 누구나 자신을 내비치고자 하는 욕구가 있다. 특히 자신이 심혈을 기울여 쓴 글을 누군가 보고 평가해 주기를 원하기 때문에, 전 세계적으로 수천만 개의 블로그 사이트가 형성돼 있는 것이다.

우리의 긍정적인 확신은 아이들의 현실 그 자체로부터 생겨났다. 요즘처럼 피상적이며 천박한 글이 난무하고, 누군가의 의견을 냉소적이고 야박하게 취급하는 현실에서, 아이들은 생각이나 글을 생산하려는 시도 자체를 스스로 차단한다. 자신이 자신의 표출 루트를 차단하는 '게이트 키퍼Gate Keeper, 문지기'가 된 것이다. 학교에서 이런 문제점을 해결해 줄 수 없기 때문에 그나마 기댈 수 있는 곳이 바로 학원들이다. 하지만 현실은 이렇다. 논술 학원, 독서 학원, 스피치 학원 등 생각 표출 능력을 함양할 수 있는 장은 마련돼 있지만, 아이들이 쓴 글과 말의 대부분은 그 학원 컴퓨터 저장 공간 안에서, 혹은 아이들의 공책 안에서 사라지고 만다. 다양한 피드백이 형성되면서 더 의미 있고 더 큰 방향으로 생각의 폭이 확장될 수 있는 기회가 거의 없는 것이다. 무엇인가 보여 주고 싶고 평가도 받고 싶지만 그럴 만한 공간이 태부족하다는 점이 안타까울 따름이다.

우리의 예측은 보기 좋게 맞아떨어졌다. 오랫동안 책장 한쪽에 처박아 뒀던 영어 원서를 읽고 쓴 독후감, 가족과 떠난 여행에 대한 여행기, TED를 보고 느낀 에세이, 하루의 소소한 경험에서 느낀 생각을 담은 수필 같은 각양각색의 글들이 우리 카페에 심심찮게 올라오기 시작했다. 우리 연구원들은 모든 글들에 대해 감사 및 칭찬과 함께, 더 큰 가치의 열매가 열릴 수 있는 다양한 제안을 더했다. 상당히 내성적인 성향을 지니고 있는 한

학생은 일주일에 세 번이나 글을 올리기도 했다. 미국에서 공부를 하고 돌아와 한국 대학을 진학하게 된 한 학생은, 미국대사관 프로그램에 참여한 후 알찬 정보와 더불어 자신이 느낀 바를 올렸다. TED를 보고 올린 감상문에 대해 다른 아이들이 긍정적인 평가와 격려를 해 주기도 했다. 또 어떤 TED 감상문에 대해서는 그 논지에 대해 몇몇 아이들 사이에서 갑론을박이 펼쳐지기도 했다. 그 동안 글쓰기와 만리장성보다 두껍고 높은 장벽을 쳤던 아이들이 스스로 글을 쓰기 시작했던 것이다. 반드시 쓸 필요는 없다고 해도 이제는 스스로 쓰기 시작했으니, 실로 경천동지할 대반전이었다.

아이들이 활동이 꾸준히 축적 된다면 정말 대단한 기록이 될 것임은 분명했다. 1만 시간의 법칙으로 유명한 플로리다 주립대 앤더스 에릭손Anders Ericsson 교수는 '1만 시간의 재발견Peak : Secrets from the new science of expertise'에서 힘을 줘 강조하는 것이 있다. 1만 시간의 수량적 의미에 현혹되지 말라는 주문이다. 1만 시간을 투자하면 자연스레 소기의 성과를 거둘 수 있다는 환상을 깨야 한다는 말이다. 중요한 것은 계획적이면서 '신중한 연습deliberate practice'을 통해 '목표를 향한 정신적 밑그림mental representation'을 형성하는 것인데, 이를 위해서는 전문가의 도움이 반드시 수반돼야 한다는 것이다. 특히, 오류를 수정하고 정신적인 틀을 정교하게 다듬으면서 최고의 기량에 도달하기 위한 동기부여 등을 위해 전문가의 피드백처럼 중요한 것이 없다는 설명이다. 이런 과정을 거쳐야 1만 시간을 투자했을 때 비로소 가시적인 성과가 나온다고 했다.

우리 아이들도 학업 및 취미 등 다양한 분야에서 상당한 시간을 쏟고 있고, 전문가들로부터 수준 높은 지도를 받는다. 그러면서 숙제, 발표, 테스트 등을 통해 끊임없는 피드백을 얻고 있다. 하지만, 자신의 다양한 생각과 고민과 꿈에 대한 피드백을 지속적으로 받는 것은 드물다. 가족 등을 제외하고는 틀에 갇히지 않는 자유로운 생각 전개를 받아 주고 꾸준히 의견을 제시해 주는 상대도 거의 없다. 그래서 우리는 아이들이 글에 생각을 실어 마음껏 온라인 카페에 포스팅하기를 바랐다. 아이들의 소중한 생각에 정성이 가득 담긴 피드백을 전하면서, 천천히 그렇지만 분명히 '꿈을 향한 정신적 밑그림' 형성을 우리가 거들어 주고 싶었기 때문이다. 만약 아이들이 계속 글을 올려 생각의 고리를 줄기차게 잇고 그러면서 피드백을 통해 그 깊이도 함께 깊어진다면, 탄탄하게 축적된 생각의 밑그림은 1만 시간의 효과를 톡톡히 볼 수 있을 것이라고 생각했다.

그래서 아이들의 자발적인 참여와 변화는 큰 기대를 안겼다. 우리의 소망도 커졌다. 아이들이 생각의 폭을 넓히고, 남들과 피드백을 주고받으면서, 미래를 향한 더 큰 가치가 싹트도록 하려면 양질의 소통이 더 필요하다고 봤다. 또한 그런 목표가 현실화되려면 아이의 긍정적인 성장을 간절히 바라는 많은 사람들이 함께 나서야 한다고 믿었다. 미국 와튼 스쿨 애덤 그랜트 교수는 저서 '기브 앤 테이크Give And Take'에서 가치를 교환하고 공유하고자 하는 진실된 마음에서 남을 돕는 자세의 중요성을 강조하면서, 남과 함께 가는 삶의 여정이 결국 모두의 발전과 성공을 이룬다는 지론을 펼쳤다.

아이들은 도움이 필요한 존재라고 봤을 때, 아이들의 성장을 견인하고 돕는 가장 이상적인 존재는 바로 부모들이다. 우리 카페에서 아이들이 올리는 글에 대해 연구원들이 아니라 부모들이 나서서 피드백을 통해 여러 아이들에게 덕담을 건네고 아이디어의 더 큰 연결 고리를 제시하면, 더욱 긍정적 변화들을 예상할 수 있다. 부모들의 입장에서는 요즘 아이들의 생각과 성향을 접하면서 이해의 폭을 넓힐 수 있고, 아이들의 입장에서는 자꾸 잔소리를 하고 불통의 대명사로 여겼던 부모들의 진심을 이해하고 마음의 문도 열 수 있을 것이다.

성적 타령을 하면서 아이들로 하여금 괴리감을 느끼게 하는 것이 아니라, 아이들의 작은 가치창출 노력을 진심으로 응원하면서 부모들이 먼저 서로의 간극을 좁히는 것도 얼마든지 가능하다. 그래서 우리는 그런 과정이 더 가속화될 수 있는 촉매제 역할을 해야 한다고 봤다. 부모들이 아이들을 학원에 보내고 "학원에서 다 알아서 챙겨 주겠지"라며 관망자가 되는 것이 아니라, "우리 아이와 다른 아이들의 성장과 발전을 위해 힘써야지"라며 참여자가 될 때, 아이들은 사뭇 달라진 모습을 보일 테니 말이다. 사실, 자유학기제를 제외하면 아이들에게 공부 이외의 영역에서 의미 있는 피드백을 한아름 안겨 줄 기회는 거의 없다. 자유학기제 기간 동안만이더라도 자유롭고 아름다운 피드백을 우리 아이들에게 선물해 보는 것은 어떨까? 그런 과정이 탄력을 받게 된다면, 오히려 아이들이 우리 어른들에게 감사와 사랑의 피드백을 전달할 수도 있을 것이다.

자유학기제는
작은 전환의 계기

▶ 우리들이 지향하는 방향을 설명할 때 학부모들 중에는 "아이가 공부를 못 하면 다 소용 없지 않을까요?"라며 시큰둥한 반응을 보이는 경우도 적지 않다. 우리가 만약 "공부는 당연히 해야 하고, 또 열심히 해야죠"라고 말하면, "아이들에게 여러 경험을 제공한다고 하면서, 결국 공부로 귀결되네요"라며 뜨악한 표정을 감추지 못하는 학부모도 있다.

이탈리아의 경제학자 V. 파레토Pareto가 설파한 '20 대 80'의 법칙이 공부의 세계에서도 그대로 적용된다. 우리 현실에서 말하면 '10 대 90' 정도가 타당할 수도 있겠다. 최근 한 중학교 2학년 남학생과 깊은 대화를 나눴다. 서울에서 교육열이 높기로 유명한 지역의 B중학교에서 항상 최상위권을 유지하는 그 학생은 "아무리 노력해도 점수가 나오지 않는 친구들이 많아요. 불쌍해요"라고 말했다. 외부에서 욱여넣지 않아도 알아서 할 것을 찾아 공부하는 전형적인 공부 모범생이다. 학습 맥락을 잽싸게 파악하고, 핵심을 다기차게 공략하면서, 끈덕지게 반복도 한다. 그래서 '10 대 90'에서 10 안쪽을 어김없이 차지한다.

애석하게도 그렇지 못한 경우가 '90'이다. 90 중에서도 그나마 나은 20% 안쪽을 제외한 그 바깥 영역의 아이들이 가장 안타깝다. 일각에서는 그렇게 갈리는 이유가 다 '머리'라고 한다. '머리'가 기본 베이스로 깔려 있는 상태에서 '학습 환경' '목표 의식' '집중력' '끈기' 등의 충분조건이 성립돼야 오롯이 '10' 안에 들 수 있다는 것이다. 이런 관점에서 봤을 때, 이런 충족 요소들 중에 흠결이 한두 개라도 있다면 '10' 안쪽으로 들기 위해 모종의 전략을 짜내려고 냉가슴을 앓는 것이 바로 부모의 마음이다. 우리가 상담을 한 많은 부모들은 자녀들에 대해 "머리는 좋은데 목표도 없고 집중력도 없어 성적이 바닥"이라든지 "머리는 좋지 않고, 그래도 부단히 노력을 하지만 성적이 그대로"라며 여러 요소들을 배합해 상황을 자가 분석한다.

뭔가 희망의 끄나풀을 계속 잡고 싶어 답답한 마음에 아이들을 가열하게 다그치거나, 하릴없이 조곤조곤 설득도 하면서 결국 공부로 유도한다. 소문난 학원들을 찾아 유람을 시키고, 성적상승을 조건으로 스마트폰 교체 등을 미끼로 던지면서 당근과 채찍 전략으로 몰고 나간다. 우리 사회의 대다수 부모들과 아이들의 모습이다.

그래도 너무 많은 아이들의 경우 변화 정도가 오십보백보다. 공부 현실은 마음대로 움직여 주지 않는다. 초등학교 고학년부터 재수나 삼수 등을 포함하면 거의 10년 동안 이런 우여곡절을 겪다가, 결국엔 고액의 입시 컨설팅 등을 통과의례처럼 거쳐 점수에 맞춰서 아이를 대학에 보내는 것이 우리의 맨얼굴이다. 초등학교 고학년 때부터 본격적으로 공부의 끼를 발산해, 최상위권에서 살짝 미끄러지더라도 적어도 상위권 대학을 잘도 골라가는 아이들의 들러리 신세를 결국 면치 못하고서 말이다.

공부의 벽 앞에 10년 넘게 주눅 들어 있던 아이들이 양에 차지 않는 대학에 진학한 경우에도, 어김없이 또 '20 대 80'으로 나뉜다. '20'은 공부에 박차를 가하기도 하고, 스펙을 쌓기도 하고, 자신의 끼를 찾아 창업에 도전하는 등 일종의 '재기'를 꿈꾼다. 반면에 '80'의 삶은 순탄하지 않다. 공무원 시험에도 도전해 보고 어학 공부도 해 보면서 고군분투한다. 하지만 사회 통계에 '니트족취업을 위해 교육을 받지도 않고 일도 찾지 않는 청년층' '캥거루족경제적 자립을 못해 부모와 함께 사는 청년층' 등의 다수를 차지하면서 존재감을 드러낸다. 물론 소위 명문대를 졸업하고서도 취업에 고배를 마시는 경우도 많긴 하지만, 그래도 '학벌 사회' 등을 운운하는 현실 속에서 소위 '언더독underdog, 낙오자'의 입지는 여전히 좁다.

이렇게 삶의 흐름을 개관해 봤을 때, 현재 '언더독' 또는 '언더독의 부모'들에게 만약 중학교 시절 정도인 10~15년 전으로 돌아간다면, 어떤 식으로 다시 살아 볼지를 물을 때 과연 어떤 대답이 나올까? "더 많은 학원에 다니면서 더 열심히 공부할 거예요"라는 대답일까, 아니면 "공부에 소질이 없으므로 차라리 하고 싶은 것을 찾아 도전할 거예요"라는 대답일까? 대답의 가치를 따질 수 없고 그것이 중요하지도 않다. 공부를 소홀히 한 과거에 대한 뉘우침 때문에 공부에 매달리든, 아니면 그토록 소중히 여겼던 꿈을 저버리고 살아온 과거가 안타까워 공부 외의 방향으로 삶의 키를 돌리든 결국엔 마음가짐이 중요하다.

펜실베니아대 앤절라 더크워스 교수는 TED 강연 '그릿 : 열정과 끈기의 힘Grit : The power of passion and perseverance'에서 "많은 부모들이나 교사들이 아이들을 자극할 수 있는 최선의 방법을 묻지만 솔직히 '모른다'라는 말을 한다"고 실토한다. 하지만 한 가지 확실한 것은 실패에 맞닥뜨려서도 성장할 수 있다는 신념으로 끈질기게 전진하는 자세를 가르쳐 주는 것이 바로 어른의 역할이라고 단언한다. 그러면서 어른들은 아이들로 하여금 타고난 재능이 아니라, 넘어지더라도 장기적으로 끈덕지게 나아갈 수 있도록 시행착오의 기회에 많이 접하게 해야 한다고 마무리한다.

그래서 공부를 해야 한다면 공부를 제대로 해야 하고, 예체능 입시를 준비한다면 그 역시도 제대로 해야 한다. 특성화고에서 특정 분야의 직업전선에 도전장을 내밀 것이라면 마찬가지로 제대로 해야 한다. 난관에 봉착해 갈피를 못 잡을 때가 있더라도 결국엔 다시 재기해야 한다. 만약 "아이들의 자유 의지와 다양한 경험을 중시한다면서 결국 공부나 입시로 돌아오는 것은 언어도단이다"라고 딴지를 걸어도, 우리는 하려면 제대로 해야 한다고 말하겠다.

중학교나 고등학교는 모두 삶을 배우는 소중한 과정이다. 그 과정은 모두가 싫든 좋든 거쳐 가야 하는 여정이다. 선택의 여지가 없다. 나중에 스스로 골라 개척해야 할 삶의 거친 행로에 진입하기 전에 통과해야 하는 일종의 준비 단계다. 우리 아이들이 그 첫 단계부터 성장을 향한 꿈을 머금고 끈질기게 나아가는 의지를 발휘할 수 없다면, 앞으로 또 무수히 다가올 삶의 과정에서도 희망은 크지 않다. 만약 제대로 했는데 원하는 대학이나 학과를 가지 못하더라도 괜찮다. 다시 꿋꿋하게 돌파구를 마련하는 용기와 비전과 실천력이 수반된다면, 아이들의 삶 앞에는 많은 선택지가 놓이게 될 테니 말이다.

우리가 아이들의 손을 꼭 잡는 이유가 바로 그것이다. 자신의 간절한 꿈, 끈질긴 극복의 의미, 성장할 수 있다는 자신감을 아직 찾지 못했다면, 우리가 찾도록 거들고 싶다. 공부 그 자체에서 삶의 추진력을 얻을 수 없다면, 다양한 체험이나 다양한 인물과의 만남을 통해 자신의 성장 동력을 찾고, 그것을 바탕으로 현실이라는 소중한 과정에서 극복 의지를 다져나가게 자극해주고 싶다. 공부 자체에서 추진력을 찾아낼 수 없고 자존감은 곤두박질해 급전직하로 추락하는데, 오직 학원 뺑뺑이만이 대안이라는 식으로 십수 년을 허송세월한 뒤 거울을 보면 무엇이 보일까? 눈앞에 '언더독'이 덩그러니 서 있을 수도 있을 것이다.

그렇다면, 학창시절에 비전과 자존감을 찾아 최선을 다하고 극복 의지의 스토리를 번듯하게 만들어 내면 삶에 서광이 비춰질까? 천부당만부당한 생각이다. AI 시대가 몰고 온 변화에 수많은 일자리가 순식간에 없어질 수도 있는 현실을 두고, 점수에 맞는 최적의 대학과 최적의 학과를 선택해 입시에 골인하면 만사형통으로 삶이 전개될 수 있다는 생각은 큰 오산이다. 변화무쌍한 현실 앞에서 조만간 생사의 기로에 다다를 수 있는 직업을 향해 끈질긴 '그릿' 정신으로 무장해 본들 무슨 소용이 있을까? 그 역시 부지불식간에 '언더독'에 도달하는 결과를 자초할 수 있다.

그래서 우리는 중고등학교 시절에 극복의지를 발판으로 공부 등에서 향상을 도모하되, 자신의 적성과 미래의 변화 등을 다각도로 살펴보고 방향을 설정하자고 말하는 것이다. 하지만, 상황을 경험하고 파악하는 것만이 아니라, 쓰고 토론하고 발표하고 피드백을 주고받으며 소통의 가치를 터득하면서 더 다양한 지혜도 함께 모아 보자는 것이다. 앞으로의 세계는 타인과 원활한 교류를 통해 여러 요소들을 융합할 수 있는 열린 마음이 절실하므로, 쓰고 말하고 의견을 주고받으며 소통 능력을 배양해야 하는 것은 소홀히 할 수 없다.

이런 다방면의 접근을 통해 아이가 자신의 끼와 역량을 발견하고, 미래의 비전까지 바라보면서 오히려 스스로의 행로에 박차를 가하고 더 극적으로 탈바꿈할 수 있기를 우리는 간절히 희망한다. 뇌과학Neuroscience을 공부하겠다며 과학 학원을 보내달라고 떼를 쓰거나, 국내 최고 대학을 나와 MIT로 가서 석박사 과정을 거친 뒤 로봇공학의 새로운 지평을 열겠다며 수능 기출 문제를 잔뜩 사달라고 안달복달하는 그런 극적인 변화가 아이들에게 찾아온다면 좋겠다. 20대에 디자인 벤처기업을 만들 테니 우선 모 대학 MOOC 과정을 듣고 싶다고 보채거나, 대학교에 진학해 프랑스로 교환학생을 가서 배낭여행의 창업 설계를 해 볼 테니, 불어 학원을 좀 알아 봐 달라며 발을 동동 굴리는 그런 아이를 진심으로 보고 싶다.

말콤 그래드웰Malcolm Gladwell은 역작 '티핑 포인트The Tipping Point : How Little Things Can Make a Big Difference'에서 상품판매 급증 또는 우범지대에서 범죄율 급감 등은 처음에는 미미하지만 어느 변곡점에서 갑작스레 추세가 바뀌는 극적인 순간을 맞이한다고 설명한다. 그것이 바로 '티핑 포인트'다. 경제나 사회 현상에서뿐만이 아니라, 우리의 삶에서도 무엇인가를 계기로 극적인 변화를 얼마든지 예상할 수 있다는 것에 재론의 여지는 없다. 부모들이 아이들에게 그렇게 읽어 보라고 하는 위인전에도 그런 스토리가 가득하다.

그렇다면, 열정도 없고 목표도 없는 아이에게 한사코 100% 공부에 매진하라며 닦달하고 설득하는 과정에서 아이가 '티핑 포인트'를 맞이할 가능성, 그리고 공부를 80%로 줄이고 나머지 20%는 다른 자극 요소를 지속적으로 전달하는 과정에서 '티핑 포인트'를 맞이할 가능성 중 어떤 쪽에 더 기대를 걸 수 있을까? 굳이 답을 말할 필요는 없을 것 같다.

한데 여기에서 중요하게 생각하고 넘어가야 할 점이 있다. 우리가 아이들로부터 예상할 수 있는 극적인 변화는 갑작스러운 것과는 거리가 멀다. 점진적인 변화다. 그래서 최근 지속적으로 관심을 끌 고 있는 넛지nudge 이론을 고려할 필요가 있을 것 같다. 즉, 차근차근 행동의 변화를 통해 자신의 환경을 기대하는 방향으로 유도하는 개념을 우리 아이들의 교육에도 적극적으로 활용하자는 것이다. 하버드대 경영대학원 에이미 커디Amy Cuddy 교수는 저서 '프레즌스PRESENCE'에서 자존감을 강조하면서, 현실성이 없는 거대한 미래 목표 앞에서 자꾸만 작아지는 것이 아니라, 비록 지금은 작더라도 점진적이면서 현실적인 변화를 통한 자신감을 느끼며 나아갈 때 궁극적으로 커다란 변화에 다가갈 수 있다고 역설한다. 차근차근 끈기 있게 나아가면서 변화를 통해 성장의 의지를 다질 수 있다면, 어느 순간 극적인 변화의 순간을 맞이할 수도 있다는 논리다.

만약 "더 분발해서 올해는 전과목에서 1등급을 따자!" 또는 "우리 아들! 열심히 참고 하면 꼭 원하는 대학을 들어갈 수 있을 거야"라는 부모의 주문은, 먼 미래의 실현 가능성을 장담할 수 없는 목표다. 그런 목표를 지나칠 정도로 밀어붙일 땐 아이들은 순간순간 스스로가 패배자라고 느낄 것이다. 그리고 작아진다. 그와는 반대로, "지난번에 이해하지 못하겠다고 포기했던 문제를 풀었네! 우리 딸 장하다!" 또는 "지난번 60점이었는데 이번에는 65점을 맞았네! 대단하다!"라는 칭찬과 격려는 현실의 작은 변화에 대한 뿌듯함이고 자신감이다. 비록 그런 변화가 당장 아이의 성적과 입시와 직결되지 못하더라도, 그런 '긍정적 경험'은 아이들의 장기적인 발전을 이끄는 견인차 역할을 할 수 있다는 것이 저명한 심리 및 교육 전문가들의 공통된 시각이다.

아직 너무 두껍다. 우리 교육 현실을 둘러싸고 있는 알의 껍질은 너무 두툼하다. '성적과 경쟁과 학원'이라는 기존의 막 위에 '학벌 지상주의'라는 막이 오래 전부터 덧씌워져 있다. 최근에는 '공무원 시험 대세론'이라는 막이 제법 눅진눅진 붙기 시작했다. 더 자세히 살펴보면 그 껍질은 수많은 편견과 아집과 미몽이 가느다랗게 얼기설기 얽혀 있다. 그래서 틈입한다는 것은 여간 어려운 것이 아니다. 그 속에서 잔약하게 미동하는 우리 아이들이 혼자 그 알을 깨고 나올 수 있을지 의구심이 생길 정도다. 이에 우리는 자그마한 망치 하나를 들었던 것이다. 알 속에 갇혀 있는 것은 아이만이 아니라 어쩌면 부모와 선생님을 포함한 우리 모두일 수도 있다는 생각도 들었다.

우리는 거대한 완력 앞에서 맞서 싸울 기력도 없을 것 같은 미약한 존재에 불과할 수 있다. 그래도 망치를 쥐어 들었다. 시행착오도 많아 갈팡질팡했다. 그러면서 계속 때렸다. 힘겨울 때도 많았다. 숨을 고르며 잠시 상황을 관조하기도 했다. 여전히 깨질 것 같지 않았다. 답답한 마음에 지르퉁한 적도 여러 번이다. 하지만 우리는 다시 망치를 들기로 했다. 그 안에 바로 우리 아이들이 있어서였다.

더 다양한 울림으로 내부에 희망의 메시지를 계속 보낼 것이다. 똑딱거리는 그 소리에 힘을 보태겠다고 와서 망치를 잡아줄 사람들도 생겼다. 아이들도 마냥 기다리지는 않고 조막만 한 망치를 들었다. 아이들이 알을 깨고 나올 그 날을 생각하며 우리는 이렇게 한마음으로 뭉쳤다. 주변 곳곳에서 또닥또닥 망치 소리, 사뭇 흥겹고 구성진 희망의 망치 소리가 더 넓게 울려 퍼질 날을 은연중 기대해 본다. 이런 변화의 의지가 단지 자유학기제 기간에만 뜨겁게 달아올라 금방 식는 것이 아니라, 우리 아이들의 삶에 끈질긴 생명력으로 살아 숨 쉰다면 더 이상 바랄 것이 없겠다. 자유학기제가 비록 짧지만 거대한 변곡점이 되기를 간절히 희망한다.

자녀 교육에 도움 되는 책 'Top 10'

1. **Grit** / 그릿 _ 앤절라 더크워스
Grit _ Angela Duckworth
▶ 참을성과 도전 정신이 부족한 우리 아이에게 부모로서 과연 어떤 자극을 줘야 할까?

2. 헬리콥터 부모가 자녀를 망친다 _ 줄리 리스콧 헤임스
How to raise an adult : Break Free of the Overparenting Trap and Prepare Your Kid for Success _ Julie Lythcott-Haims
▶ 우리 아이의 공부와 성적 향상을 위해 모든 것을 다 도와주면 과연 어떤 미래가 기다릴까?

3. 무엇이 이 나라 학생들을 똑똑하게 만드는가 _ 아만다 리플리
The Smartest Kids in the world _ Amanda Ripley
▶ 창의력과 자율성이 부족하다고 비판 받는 한국 아이들이 공부를 잘 하는 이유는 무엇일까?

4. 프레즌스 : 위대한 도전을 완성하는 최고의 나를 찾아서 _ 에이미 커디
Presence : Bringing Your Boldest Self to Your Biggest Challenges
⇒ 자꾸만 작아져 자신감이 부족해도 너무 부족한 듯 보이는 우리 아이의 진짜 문제는 무엇일까?

5. 인간은 과소평가 되었다 _ 져프 콜빈
Humans are underrated _ Geoff Colvin

▶ 우리 아이는 미래의 첨단 시대에 무슨 역량으로 어떻게 생존을 모색해야 할까?

6. 미래산업 보고서 _ 알렉 로스
The Industries of The Future _ Alec Ross

▶ 우리 아이가 선택해야 할 미래직업들은 어떤 모습이고, 지금부터 무엇을 준비해야 할까?

7. 호모데우스 _ 유발 하라리
Homo Deus _ Yuval Noah Harari

▶ 지금으로부터 30년 후 우리 아이들이 살아갈 세상은 행복과 여유로 가득할까?

8. 중학생은 왜 가끔씩 미치는걸까? _ 리처드 M. 마셜, 샤론 뉴먼
The Middle School Mind : Growing Pains in Early Adolescent Brains _ Richard M. Marshall, Sharon Neuman

▶ 우리 아이가 잔뜩 예민해져 때로는 헐크로 변하는 이유는 도대체 무엇일까? 괜찮은 것일까?

9. 호기심의 두 얼굴 _ 수전 앵겔
The Hungry Mind : The Origins of Curiosity in Childhood _ Susan Engel

▶ 우리 아이의 호기심이 소중한 것은 맞는데, 그 많던 호기심은 왜 자꾸 사라지고 있는 걸까?

10. 공부의 비밀 _ 베네딕트 캐리
How We Learn : The Surprising Truth About When, Where, and Why It Happens _ Benedict Carey

▶ 우리 아이가 공부하면서 자꾸 게으름을 피우고 딴짓을 하는데, 학습 효율성은 바닥인 걸까?

레밍 쥐들은 왜
모두 함께 떨어졌지?

시립 및 구립 도서관 등의 열람실에 들어가면 공통적으로 펼쳐지는 풍경이 있다. 한쪽에 20대 또는 30대처럼 보이는 많은 이용자들이 태블릿 PC나 노트북 화면을 보고 있는데 온통 초록색이다. 인터넷 강의를 보고 있는 것이다. 강사가 무엇인가를 설명하면서 분필을 찍고 그으며 열강을 하고 있다. 거의 대부분이 공무원 시험 준비를 하고 있다고 보면 된다. 또 다른 한쪽에서는 책을 잔뜩 쌓아 놓고 '암기'에 열중인데, 그 중 몇몇은 골판지나 쇼핑백으로 자신의 공부 공간을 옹벽처럼 차단한 것도 보인다. 수 십대 일의 경쟁률을 뚫기 위해 1년, 2년, 아니 3년을 공부해야 합격이 될까 말까 한 시험에 도전장을 내민 사람들이다. 소통도 없다. 오로지 자신과의 싸움이다. 시험 과목을 기계처럼 외우고 소처럼 되새김질을 해야 한다. 이해는 둘째고 모조리 암기를 하는 것이 급선무다.

젊은이들이 공무원 시험을 유일한 희망의 지푸라기라고 생각하는 사회 현실은 차치하고서라도, 합격 확률이 너무 낮다 보니 결국 나이만 들어 퇴물 낭인으로 전락하는 사례도 늘고 있어 안타깝다. 그렇다면 의문점이 생긴다. 과연 도서관에 있던 그 열람실 이용자들은 어렸을 때 어떤 사람들이었을까? 서울 노량진에서 컵밥으로 주린 배를 채우며 불철주야 암기에 매달리고 있는 그 사람들은 어렸을 때 누구였을까?

이런 의문점을 던지는 것보다 좀 더 현실적인 질문이 더 낳을 것 같다. 우리 아이들이 그와 유사한 상황에 처할 가능성은 얼마나 될까? 초등학교 때부터 학원 뺑뺑이를 돌며 선행학습을 시키고, 내신을 위해 전문 과외 선생님을 붙여 주고, 대입을 위해 고액 컨설팅을 받게 하면서, 오로지 공부에 다 '올인'했는데, 우리 아이가 그런 상황에 맞닥뜨릴 가능성은 얼마나 될까? 우리 아이의 미래를 점칠 수는 없어 확률적으로 오차 범위를 최소화해 답을 내는 것은 불가능하다. 하지만, 공무원 준비생들과 이야기를 해 보면 너무 많은 경우 지금 우리 아이들이 거치고 있는 삶의 여정과 동일한 궤적을 밟아 왔음을 알 수 있다.

그러면 이런 질문을 던질 수 있을 것이다. 합격 확률도 낮고, 비록 안정적인 '철밥통'이라고는 하지만 하위직 공무원이 꿈의 직업은 아니었을 텐데, 왜 공무원 시험에 매달리는지를 물어 볼 수 있을 것이다. 질문에 답은 셀 수 없을 정도로 다양하게 쏟아질 것이다. 하지만, 결국 "경쟁률이 '수백 대 일'인 좋은 기업들은 면접 기회도 오지 않고, 나이가 차 직업은 얻어야 하는데 요즘 같은 AI 시대에 직업 안정성도 고려해야 하니, 결국 공무원 말고는 없다"라는 대답을 죄다 돌려 말하는 것이다.

그렇다면, 앞으로 경제 사정은 더 안 좋아질 것이고, AI 시대의 도래는 더 가속화 될 것이니, 상당수의 우리 아이들은 결국 공무원 시험을 향한 토대 다지기에 여념이 없다고 생각해야 하는 것일까? 최근 고교 졸업 후 공무원 시험 도전을 위해 바로 노량진 학원가로 달려가는 경우가 증가하고 있다는 언론 보도는 이런 현실을 반영하고 있는지도 모른다. 학원가에서 "방학을 활용한 중고생 대상 공무원 시험 대비반" 등의 광고가 조만간 등장할 수도 있지 않을까?

그렇다면 이런 질문도 해보고 싶다. 왜 마음에 맞는 사람들과 창업을 생각해 보진 않나요? 경쟁률이 수백 대 일인 기업이 아니라, 들어가기가 상대적으로 덜 버거운 곳에 입사해 경력을 쌓아 더 높은 목표를 향해 점프할 생각은 왜 안 하나요? 아예 베트남이나 라오스 등으로 건너가 새로운 기회를 찾아보는 것은 어떤가요?

허황된 질문이 아니다. 불가능한 것이 아니기 때문에 충분히 해 볼 수도 있을 것이다. 하지만 웬만하면 꿈쩍도 안 할 것 같다. 그것은 남들이 다 하는 '대세'가 아니기 때문이다. 그래서 남들이 하는 것과 똑같이 삶의 여정을 하릴없이 따라간다.

개체수가 기하급수적으로 늘어 배회하다 결국 절벽으로 함께 떨어지고 마는 레밍lemming 쥐가 될 수 있음에도 말이다.

이런 현실을 개탄하기 전에 우리 사회에서 아이들이 어떻게 살고 있는지를 먼저 살펴봐야 한다. 어렸을 때부터 남들이 하는 것을 판박이로 따라 했고, 부모와 선생님이 일러 준 몇 개의 코스만이 삶의 정도正道라고 인이 박힌 듯 들어왔으며, 사회 진입을 위한 대학과 학과마저도 컨설팅을 받아 점수에 맞춰 들어왔으니, 본격적으로 사회에 발을 내디딜 때가 되더라도 아이들은 자꾸 뒤만 보게 된다. 그야말로 무골호인이 돼 "이제 뭘 어떻게 해야 하죠?"라며 쭈뼛쭈뼛 고개를 돌려 '대세'를 묻는다. 답이 시원찮으면, 남들이 몰려가는 방향이 미래라고 속단한 채 어기적어기적 발걸음을 옮긴다. 그럴 때일수록 고통을 감수하고서라도 장기적인 비전을 갖고 더 고민해야 하는데 말이다.

'얼음처럼 차가운 바다에서 서핑의 환희The joy of surfing in ice-cold water'를 주제로 TED 강연을 한 크리스 버카드Chris Burkard는 서핑 사진작가다. 우리가 아이들과 함께 했던 TED 특강에서도 그의 강연을 다뤘다. 그가 추구하는 사진 세계는 여느 작가들의 작품과는 사뭇 다르다. 내뱉는 입김도 바로 얼어 버릴 듯한 영하 30도의 북극 해변. 만년설을 뒤집어쓴 검푸른 암벽을 돌아 매섭게 몰아치는 파도. 인적이라곤 찾아 볼 수 없는 시리도록 차가운 고독. 그가 삶의 희망을 찾아 떠나는 이상향의 풍경은 이렇게 요약될 수 있다.

물론 버카드도 하와이나 발리 등 이름만 대면 금방 알 수 있는 서핑 천국에서 처음으로 사진작가로서의 첫발을 내딛긴 했다. 하지만 그는 금세 회의감에 빠져들었다. 그는 "수많은 관광객에 파묻혀 삶을 표현하는 것은 현실과 함께 내 스스로를 망각하는 것"이라는 결론에 이르렀다. 그리고 고독과 고통을 찾아 떠났다. 그곳은 노르웨이, 아이슬란드, 알래스카, 칠레 같은 살을 에는 극지방이었다. 다른 서퍼들 및 사진작가의 궤적을 찾아볼 수 없고, 문명의 호사를 누릴 수도 없는 그런 외딴 곳들이었다. 구글 지도로 위치를 찾아야 했고, 군사용 지프를 타고 천인단애의 험지를 지나야 했으며, 심지어는 산을 넘을 수 없어 수십 년 된 헬리콥터에 궁여지책으로 몸을 실어야만 했다.

버카드는 TED 강연 첫 부분에서 "고통은 깨달음에 이르는 지름길이고, 마치 심오한 명상과 같아 우리로 하여금 삶을 감각적으로 인식하도록 이끈다"며 심리학자 브락 배스천Brock Bastian의 말을 인용해 자신의 철학을 내비친다. 바로 그곳에서 오롯이 세상과 진정한 소통을 하며 참된 자아를 발견할 수 있었다고 덧붙인다. 부지불식중에 몰아친 눈보라에 목숨이 경각에 달린 적도 있었지만, 그는 그 경험들을 이렇게 반추한다. "삶의 진정한 가치는 고통을 겪어야 얻어낼 수 있다"라며 "간난신고 끝에 탄생한 사진들이 바로 값진 결과이면서 증거"라고 소회한다. 그리고 "고통은 성취감이었고 결국 환희였다"라며 강연의 마지막 메시지를 전한다. 그의 사진들은 다른 서평 사진들과는 달리, 색다른 깊이와 철학이 담겨 있는 작품으로 호평과 찬사를 받고 있다.

우리가 버카드의 TED 강연을 통해 아이들에게 고통 예찬론을 펼치자는 것은 아니다. 고통의 의미가 무엇인지 인식하게 하고, 그것에 대해 단계적으로 예방 주사를 놓아 주자는 것이다. 만약 고통이라는 단어가 아이들에게 지나치게 가혹하다면, 시련과 역경이라고 불러도 좋을 것 같다. 그런데 중요한 것이 있다. 주변의 요구와 압박에 못 이겨 수동적으로 결정되는 삶에서의 시련이 아니라, 능동적으로 선택한 삶에서의 시련이 더 값지고 의미가 클 수 있음을 공감하자는 것이다.

이는 "한창 공부할 나이에 웬 시련 타령이냐"라며 공박을 당할 수도 있을 접근법이다. 하지만, 아이들이 추구해야 할 꿈과 비전은 행복 반, 그리고 시련 반이다. 아니, 행복이 30%에 시련이 70%일 수도 있다. 극단적인 상황에서는 너무도 많은 것들이 제대로 풀리지 않아 시련으로 가득한 삶을 헤쳐가야 할 수도 있다. 그래서 삶을 장밋빛 안경으로만 바라 볼 것이 아니라 다양한 시각에서 미래를 조망하고 예상할 수 있는 능력도 우리 아이들에게 필요하다. 그러면서 솔직하고 따스한 소통을 통해 믿음을 주는 것, 바로 그것이 역경에 대한 예방 주사라고 할 수 있을 것이다.

삶의 어느 순간 아이들은 헤아릴 수 없는 고통의 수렁을 터벅터벅 걸어가야 할 때가 많을 것이다. 매섭게 몰아치는 차디찬 삶의 질곡에 갇혀 울기도 원망도 할 것이다. 그래도 버카드의 말처럼 시련이 없어 깨달음도 없는 것보다 시련이 있어 깨달음이 있는 삶이 더 가치가 있다면, 아이들이 조금이라도 갖춰야 할 역량은 무엇일까? 역경은 삶의 엄연한 과정임을 인식하고 회복탄력성을 갖추는 것이라고 봐도 무리가 아닐 것이다. 즉, 시련을 받아들이고 너끈히 이겨낼 수 있는 반동의 힘이 있어야 한다. 그리고 거기서부터 더 큰 삶의 지혜를 배우며 끈질기게 나아갈 수 있는 용기를 갖춰야 한다.

한데, 이런 역량 강화를 위해 무엇보다도 중요한 것은 능동적이면서 자발적인 도전과 극복 의지다. 아이들이 만약 남이 시키는 대로만 하고, 남이 가는 방향으로만 따라가고, 남이 안내하는 해결책만을 받아들이는 데 익숙한 상태에서, 대학을 가고 사회에 진출해 정말 커다란 역경과 맞서야 한다면 어떻게 될까? 우리 주변의 아이들 중 험난하기 그지없는 현실을 이겨낼 수 있는 아이들이 과연 얼마나 될까? 답답하기도 하고 심히 걱정이 되기도 한다. 하지만, 우리 아이들이 모두 다 약한 것만은 아니다. 약하게 보이는 아이들도 실은 그렇지 않은 경우도 많다.

TED 동기부여 프로그램을 통해 우리는 아이들의 깊은 내면을 들여다볼 수 있는 기회가 많다. 우리는 아이들로 하여금 역경, 고통, 극복, 자신감 등에 대해 툭 터놓고 생각을 표출하도록 유도한다. 그럴 때마다 우리는 흠칫 놀란다. 아이들 중에는 이런 식으로 말하는 경우가 많다. "부모님께서는 내가 혼자서 제대로 하는 것이 거의 없다고 생각하신다. 하지만 아니다. 심각하게 고민하고 진지하게 도전하고 싶은 것도 많다. 나도 끈기와 용기가 있다. 공부와 성적에서 칠전팔기의 정신이 부족하다고 내가 정말 약한 것은 아니다."

최근 우리가 상담했던 사례 중에 초등학교 때부터 야구 전문가로부터 계속 야구 코칭을 받고 있는 서울 J고등학교 1학년 H학생이 있다. H학생 부모는 더 늦기 전에 아들이 야구에서 손을 떼고 대입에만 전념하기를 원한다. 고교 야구선수도 아닌데 어정쩡한 위치에서 무작정 허상에만 사로잡혀 있으면 안 된다는 생각이다. 하지만 H학생은 여전히 야구 선수가 꿈이다. 우리 교육 현실에서 공부와 스포츠 중 하나를 무조건 선택하는 쪽으로 진로가 정해져 있다면, 공부도 열심히 하고 스포츠 역량도 최대한 발휘할 수 있는 곳으로 유학을 떠나겠다고 부모에게 제안도 했다. 당연히 갈등은 더 커졌다. H학생은 "오랫동안 간직해 온 꿈을 위해 큰 어려움도 이겨내겠다는 각오도 다졌다"며 "하지만 결국 부모님이 원하는 쪽으로 방향을 돌려야 하니 너무 억울하다"고 우리에게 하소연했다.

어디 H 학생뿐일까? 우리 아이들의 삶이 어디로 흘러갈지 아무도 모른다. 하지만 확실한 것은 있다. 수많은 갈림길에서 어떤 방향으로 가든 시련이 있을 것이라는 점은 분명하다. 아이들도 안다. 용기가 없고 극복의 힘이 부족하면 삶이 힘들어질 것이라는 사실을 우리 아이들도 다 안다. 그리고 아이들은 희망한다. 다른 사람의 영향력과 결정으로 삶의 방향이 정해지는 것이 아니라, 자신이 주인공이 되는 것을 희망한다. 아직은 어려 쉽게 방향을 잡을 순 없더라도, 결국엔 자신이 삶의 핸들을 잡고 싶어 한다. 그러면서 분명히 말한다. 레밍 쥐가 되고 싶은 마음은 추호도 없다고. 자유학기제 프로그램에 참가한 중학교 1학년 학생들도 마찬가지다. 겉으로 보기에 세상 물정에 어두운 한참 미숙한 아이처럼 비춰질 수도 있겠지만, 우리와 깊은 대화를 나눈 많은 중학생 아이들 중 레밍 쥐가 되고 싶어 하는 아이들은 역시 없었다.

주민센터 휴게실에서
바라본 미래

얼마 전 우리 연구원들이 서울의 모 주민센터 휴게실에서 모여 담소를 나눴다. 바로 옆 테이블에는 엄마들 다섯 명이 동그랗게 모여 앉아 이야기꽃을 피우고 있었다. 여행 이야기, 아파트 투자 이야기 등에 이어 어김없이 아이들 교육이 화두로 등장했다. "○○○ 수학학원 ○○ 타임에 아이들 ○명이 빠졌는데 빨리 알아 봐라", "고2 때 소논문 두 개를 쓰게 해 주는 실험전문 과학 학원이 있는데 잘 한다고 하더라", "영재고 가려면 지금 당장 ○○를 해야지, 내년이면 늦는다" 등 온갖 정보가 미주알고주알 쏟아졌다.

그러더니 한 엄마가 "아주 용한 곳을 소개 받아 아들 사주를 봤다"며 "금金 기운이 좋고 예술적 기질도 커서 치과의사를 추천했다"고 말했다. 이에 몇몇 엄마가 나중에 같이 가자며 큰 관심을 보였다. 아이의 적성이 무엇인지, 어떻게 공부를 더 시켜야 하는지, 무엇을 전공해야 하는지 등 아이를 향한 엄마의 사랑과 간절함이 가감 없이 느껴졌다. 그렇지만 이런 생각이 휙 스쳤다. 하루가 멀다고 변화를 거듭하는 현실 세계, 그리고 조만간 다가올 더 거대한 미래 세계 앞에서, 우리 엄마들이 지닌 자식 사랑의 간절한 마음이 아이들을 언제까지 보듬어 줄 수 있을지에 대한 안타까움과 우려였다.

최근 국회의원 및 교육 전문가들이 4차 산업 혁명과 같은 거스를 수 없는 무서운 변화 앞에서, 우리의 구태의연한 학습방법으로는 미래를 대비할 수 없다는 공감대를 바탕으로 대대적인 혁신안을 내놓고 있다. 수동적이고 기계적인 학습보다는 사고, 토론, 발표, 배려, 봉사 같은 다차원적인 접근이 핵심인 IBInternational Baccalaureate : 국제 대입 자격시험 도입 제안이 대표적이다. 이런 상황에서, 저녁밥도 마음 편히 먹지 못하고 밤 늦게까지 학원에 앉아 문제집 풀이에 열중하고 있는 우리 아이들, 그리고 그 아이들을 보듬고 달래고 을러서라도 성적을 올려

보겠다며 문제집 몇 권을 더 풀게 하는 엄마들… 그것이 우리의
현주소다. 그러한 정도가 자유학기제에서는 좀 누그러지면 좋
겠지만, 오히려 가일층 심해지는 것 같아 더욱 안타깝다.

　최근 한 일간지에 학부모들의 귀를 솔깃하게 할 광고가 등장
했다. 주민센터에서 우리 옆에 앉은 엄마들이 가졌던 모든 고민
과 의문점들을 상당 부분 불식시켜 줄 수도 있을 내용이었다.
아이들의 DNA 분석을 통한 학습관리가 그 광고의 골자였다.
방식은 이렇다. 일단 아이의 유전자를 분석한 뒤 기본적인 학습
방안을 제시하고, 신체에 센서를 부착해 행동 패턴 등을 체크해
서 데이터화를 시킨다. 그런 뒤 자동 통계 처리를 거쳐 문제점
을 교정하는 방식이다. 세계의 석학들이 공통적으로 제시한 미
래의 모습이 벌써부터 펼쳐지고 있음을 여실히 보여주는 사례
다. DNA 염기서열 자동 분석, 뇌 구조 분석 등을 통해 개개인
의 신체적 특성을 모두 파악할 수 있을 뿐만이 아니라, 지능·
성격·성향 등 정신적인 특성도 과학적으로 예측이 가능한 시
대가 이처럼 우리 가까이 다가와 있다.

　이런 상황이 일반화된다면 일견 긍정적인 면도 있을 것 같다.

어떤 아이가 공부 머리와 성향이 아니라고 과학적 분석이 나온다면, 그 아이는 입시 학원을 전전할 필요가 없을 것이다. 만약 상당한 지능과 끈기가 있다는 분석이라면, 반대로 아이와 부모 모두 가공할 만한 수준의 학습량을 감내할 것이다. 부정적인 측면은 없을까? 어떤 아이가 20대 초반부터 관절에 큰 문제가 생길 소지가 있고 좌뇌가 발달한 유형이라고 한다면, 그 아이의 부모는 운동을 가급적 피하게 하고 조용히 앉아 수학과 과학 공부를 더 하도록 유도할 것이다. 아이가 친구들과 어울리는 것을 좋아하고, 드럼을 치는 것에 푹 빠져 있으며, 축구를 할 때 성취감과 자존감을 느끼더라도, 부모는 고개를 절레절레 흔들 것이다.

히브리대학교 유발 하라리 교수는 인간의 신비를 속속들이 파헤친 과학의 힘은 이제 특정 호르몬 조작 등을 통해 인간의 감정 및 지능까지도 원하는 방향으로 조절할 수 있게 됐다고 말한다. 그러면서 이런 과학적인 성과를 현실에 적용할 여유가 있는 계층, 그리고 그렇게 하는 것을 엄두도 못 낼 계층으로 양극화될 수 있다는 전망도 덧붙인다.

20년 전을 돌아보자. 1990년대 중후반은 인터넷 및 무선통신

마치며

이 우리 삶의 밑그림을 완전히 다르게 그릴 것이라는 전망이 우세했다. 그 당시엔 20년 후를 그려 보는 것은 쉽지 않았다. 하지만 현실은 예측과 거의 맞아떨어졌다. 앞으로 20년 후, 그러니까 우리 아이들이 사회에 나가 본격적으로 자신의 역량을 발휘할 시대에 대한 전망은 아직 우리의 관념으로는 쉽사리 와 닿지 않지만, 대략적인 밑그림은 그려진 상태다.

의사, 변호사, 회계사들도 생존을 심각하게 고민해야 한다는 등의 예측은 이제 놀랄 만한 소재도 아니다. 상당수의 직업들, 특히 남부럽지 않은 직업들도 앞으로 어떻게 될지 가늠하기 어렵다. 분명한 것은 인공지능, 로봇, 나노 등 날로 발전하는 첨단 기술로 인해, 우리가 희망을 머금고 도전하는 이 모든 노력들, 수학을 풀고 과학 공식을 외우고 영어 기출 문제집을 독파하느라 허덕거리고 있는 이 모든 노력들이 우리에게 그에 걸맞은 보상을 안겨주지 못할 수도 있다는 것이다. 설령 단기적으로 원하는 대학의 원하는 학과에 갔다고 하더라도, 향후 사회 시스템의 급변에 따라 상상하기 힘든 낭패를 볼 수도 있다.

그래서 우리는 우리 아이들의 손을 꼭 잡고 함께 공유하고 싶은 바람이 있다. 자신의 내면을 바라보고 가치를 찾자는 것이다. 그렇게 하려면 나는 누구이고, 내 꿈은 무엇이고, 내 주변에서는 어떤 변화가 일어나고 있는지에 대해 더 크게 눈을 뜨면 좋겠다. 첨단기술이 가져올 어마어마한 미래에 움츠리지 않고, 현재의 시험 성적과 등수가 높지 않다고 해서 암울하게 생각하지 않으면 좋겠다. 자신의 가치와 본질을 파악하고 목표를 다져나가면서, 미래를 향한 열정이 절로 샘솟는다면 더 이상 바랄 것이 없겠다. 그렇게 된다면, 학창시절의 험난한 과정도 자신의 의지를 시험할 소중한 배움의 기회로 받아들여 당차게 맞서는 것도 힘들지 않을 테니 말이다.

'인간은 과소평가되었다Humans are underrated : What High Achievers Know That Brilliant Machines Never Will'를 쓴 포춘지 편집장 져프 콜빈Geoff Colvin은 아무리 첨단 과학의 발달로 인간의 존재가 미물처럼 여겨질 정도로 사회가 급변한다고 해도, 인간의 가치와 역량은 절대로 스러지지 않을 것이라고 말한다. 우선 콜빈은 교실에서 주입식으로 학습하고 기술적인 역량을 내세운 좌뇌형 인재들은 더 이상 첨단 기계들과 경쟁을 하기 힘든 시대가 왔다고 강조한다. 하지만, 이런 변화 속에서도 희망이 있다고 본다. 창의력을 발휘하고, 공감을 이끌며, 사회적 유대감의 필요성을 잊지 않는 인간 본연의 마음은 인공지능 및 로봇이 쉽게 모방할 수 없기 때문이다. 그런 인간의 본능을 최대한 살려 참된 가치를 재창조하는 사람이 성공을 거머쥘 수 있을 것이라는 예측도 곁들인다. 그러면서 부모들은 다른 무엇보다도 열린 마음으로 사람과 함께 소통하는 것이 얼마나 중요한 덕목인지를 아이들에게 꼭 가르쳐야 한다고 당부한다.

그 주민센터 휴게실에 있었던 엄마들의 아이들은 과연 10년 후, 아니 더 흘러 20년 후엔 무엇을 하고 있을까? 아무리 좋은 학원을 다니고, 아무리 좋은 과외 선생님을 섭외하고, 아무리 좋은 컨설팅을 받아, 아무리 최선의 대학과 학과를 간다고 해도, 결국 종잡을 수 없는 거친 삶의 파고를 계속 건너야 할 것이다. 맹신했던 신념이 흔들리고, 전혀 예상하지도 못했던 삶의 길을 갈 수도 있을 것이다. 행복과 시련이 갈마들 것이다. 우리가 아이들의 손을 잡고 진심 어린 응원을 해야 하는 이유다. 언젠가는 우리가 아이들이 자립할 수 있도록 손을 놓아 주면서 따스한 믿음을 선사해야 하는 이유다.

어느 순간 아이들에게 이렇게 말하고 싶다. "꿈을 찾았다니 축하해. 힘들지만 해낼 수 있는 용기가 넘친다니 대단하구나. 그런 너의 모든 것이 소중한 가치야. 앞으로도 더 멋진 도전이 펼쳐질 거야. 그럴 때마다 기억해야 해. 너의 꿈이 가장 소중하다는 것을. 그리고 더 많은 사람들과 함께 손을 잡아야 한다는 것을."

자유학기제라는 뜻 깊은 시간이 있어 우리는 많은 도전을 아이들과 함께 하고 있다. 자유학기제가 있어 이런 의미 있는 상상들을 더 많이 할 수 있게 됐다. 그래서 자유학기제에게 고맙다는 말을 하고 싶다. 꿈 꿔 본 많은 것들을 다 해 볼 수 있으니 말이다. 한데, 이런 시도는 단지 자유학기제 기간 동안에만 하라는 법이 있을까? 아니다. 앞으로 아무리 성적이 옥죄고 아무리 입시가 짓누르고 아무리 취업난이 숨 막히게 하더라도, 아이들이 펼치고자 하는 꿈의 날개는 꺾이면 안 된다. 마음껏 상상하고 실컷 체험하고 한껏 꿈꿀 수 있는 자유학기제의 정신은 아이들의 먼 미래까지 지속돼야 한다. 이게 바로 끝없이 이어지는

마치며

진정한 자유학기제다.